Vorwort

Erst seit einigen Jahren lebe ich hier in der bezaubernden Endmoränenlandschaft an einem See; dieses Buch wurde Anlass, um rauszukommen und meine neue Heimat zu erkunden. Wenn man sich endlich mal auf die Socken macht, ist es unglaublich, was es in der näheren Umgebung alles für Überraschungen gibt, wovon auch Alteingesessene nie gehört haben. Ob der »Ort« groß oder klein ist, war kein Kriterium für die Aufnahme – er sollte immer eine gewisse Einmaligkeit haben, originell sein, zum Staunen oder verführerisch.

Geformt ist diese hügelige Gegend von der Eiszeit, geprägt von 200 Seen, der Landwirtschaft und zahlreichen Herrenhäusern traditionsreicher Familien. Feldfrüchte gibt es in vielen Hofläden, Äpfel und Erdbeeren – aber kennen Sie holsteinischen Wein? Naturgemäß spielen Tiere eine große Rolle, Gänse und vielerlei Pferde, Fische und Seeadler – aber wer hätte an Züchter von Alpakas und Chihuahuas, Papageien und Straußen gedacht?

Rein kommerzielle Ausflugsziele gehören selbstverständlich dazu, sind aber in der Minderheit. Die große Überraschung bei den zahllosen Fahrten kreuz und quer war das unglaubliche Engagement der Menschen – ihr Erfindungsreichtum, gesellschaftlicher Einsatz, ihre Begeisterung für besondere Hobbys oder den ungewöhnlichen Beruf.

Handwerkliches und künstlerisches Arbeiten mit Holz, Metall und Steinzeug, Apfelscheiben rösten, Gärten pflegen, Schokolade schmücken und schneidern – dies alles geschieht mit größter Leidenschaft. Viele kleine, liebevoll aufgebaute Museen leben überwiegend von ehrenamtlichen Helfern. Eine der bedeutendsten Bibliotheken wie eine unfassbare Molluskensammlung vermutet der Reisende nicht hier in der Provinz. Und außergewöhnliche Sportarten – von Fußballgolf über Motocross und Segelfliegen, Wasserski und Wasserwandern bis zum Wettkampf mit Spielzeug-Fahrzeugen – gewinnen immer mehr Fans. Auf geht's!

111 Orte

1 Das Bauernhof-Eis

Der Pionier mit Rohstoff aus dem Stall

Was Bauern sich so alles einfallen lassen, um die knappe Kasse aufzubessern! Höfe mit Streicheltieren gibt's viele, oft mit Hofcafé und Hofladen. Dörte und Maik Steffens, die in dritter Generation ihren Hof bewirtschaften, fanden auf einer Messe etwas Originelles: Mit ihrer Produktion von Bauernhof-Eis aus täglich frischer Milch von eigenen Kühen sind sie, seit 2011, die bisher Einzigen in Schleswig-Holstein. Außerdem sind sie Mitglied in der Stiftung Naturschutz - mit wilden Weiden und Wäldern für nachhaltige Produktion. Und sie verkaufen ihr Eis inzwischen in Hofläden der Region, auch in Lokalen von Hamburg bis Scharbeutz.

Im Sommer gibt's Kugeln, von Herbst bis Weihnachten frische Waffeln dazu, und natürlich wird für Sorbets und Fruchteis von Erdbeeren bis Rhabarber heimisches Obst verarbeitet. Auch Ananas, Bananen und Kiwis sind nicht »Geschmackszutaten«, sondern reale Früchte, denn künstliche Zusatzstoffe sind hier verpönt. Es gibt 70 Sorten, vom weißen Kaffee-Eis mit Baileys über Amaretto mit Kakaotrüffeln bis zu Lakritzgeschmack oder dem Joghurt-Passionsfrucht-Eis. Die allesamt zu kosten, schafft kein Mensch, aber es gibt regelmäßige Eisverkostungen von stattlichen 30 Sorten. Gruppen können auch privat buchen – das wär doch mal was für die Großfamilie?

Schon Alexander der Große mochte Eis, und Hippokrates verschrieb Speiseeis als Schmerzmittel. Ein – natürlich neapolitanischer - Koch Ludwigs XIV. begründete das erste Café mit Eis im Angebot 1686 in Paris, und die wohl erste deutsche Eisdiele wurde 1799 im Alsterpavillon in Hamburg eröffnet. Italienische Eisdielen breiteten sich hierzulande seit den 20er Jahren aus. Und wer kennt nicht Langnese und Schöller, die Mitte der 30er die industrielle Eisproduktion begannen. Auch Bauernhof-Eis wird sich, von erfolgreichen Pionieren wie Steffens angekickt, sicherlich ausbreiten – der beste Rohstoff stammt ja aus dem eigenen Stall.

Adresse Langendamm 3, 23623 Ahrensbök | **Anfahrt** auf der A 1 von Lübeck Abfahrt Scharbeutz Richtung Bad Segeberg, links durch Ahrensbök, am Ortsende rechts ausgeschildert | **Öffnungszeiten** Laden: Sept.–Ostern Mo–Sa 9–12 Uhr, Mo, Fr 14–18, Ostern–Aug. Mo–Sa 9–18 Uhr, Eisstube: Ostern–2. Advent 14–18 Uhr, Juli, Aug. 13–18 Uhr | **Tipp** So lustig wie informativ ist in Sierksdorf Deutschlands erstes Bananenmuseum in der Professor-Haas-Straße 59: von der Krummbiegemaschine über die Banane in der bildenden Kunst bis zur Erotik.

2 Die Gedenkstätte

Einzigartiger Überblick zu den Naziverbrechen

Diese Direktoren-Villa einer ehemaligen Zuckerfabrik, das einzige erhaltene Gebäude eines Konzentrationslagers in Schleswig-Holstein, wurde erst 2000 mit öffentlichen Mitteln gekauft. Seither kümmert sich ein Trägerverein ehrenamtlich und ohne Kostenerstattung in mühsamer Kleinarbeit um diese Gedenkstätte; die beispielhafte Leistung wurde 2005 vom Innenministerium mit dem Preis des »Bündnisses für Demokratie und Toleranz« ausgezeichnet.

»Es ist doch im doppelten Wortsinn ein Armutszeugnis, dass Land und Bund den Erhalt und Ausbau dieser einzigartigen Dokumentations- und Gedenk-, Bildungs- und Begegnungsstätte nicht finanziell besser unterstützen«, meint Barbara Soltau, eine der zahlreichen Aktiven.

An diesem Bau lässt sich, wie kaum anderswo, die gesamte NS-Zeit exemplarisch thematisieren: von 1933, als für ein halbes Jahr ein frühes Konzentrationslager errichtet wurde, über 1936, als es Verwaltungsgebäude für den Arbeitsdienst in einer Flachsrösterei zur Herstellung von Leinen war, und 1939, als Zwangsarbeiterinnen aus besetzten Ländern eingesetzt wurden, bis 1945. Der Todesmarsch aus Auschwitz führte auf Umwegen über Lübeck bis hierher, dann nach Neustadt an der Ostsee, zur Katastrophe vom 3. Mai 45, als englische Jagdbomber die Cap Arcona versenkten und die meisten der 4.600 Häftlinge an Bord umkamen. Sukzessive wurde das Gebäude restauriert. Dabei halfen auch Jugendliche aus West- und Osteuropa in internationalen Sommerlagern, die alljährlich stattfinden. Dauerausstellung und Bibliothek, Videothek und Pressearchiv sowie zahlreiche öffentliche Veranstaltungen spannen den Bogen vom grauenhaften Geschehen der Nazizeit zur Gegenwart.

Die Sanierung der Westfassade, die Nachstellung eines Klassenraums zur Veranschaulichung der NS-Erziehungspolitik, die Einrichtung eines »Raums der Stille« – es gibt weitere Pläne, die dringend mehr öffentliche Mittel benötigen.

Adresse Flachsröste 16, 23623 Ahrensbök | **Anfahrt** A 1 von Lübeck, Abfahrt Scharbeutz Richtung Bad Segeberg, 2 Kilometer vor dem Ort | **Öffnungszeiten** nach Vereinbarung und So 14–18, im Winter bis 17 Uhr | **Tipp** Unbedingt besuchenswert ist der Ehrenfriedhof Cap Arcona in Neustadt i. H. Und im Städtischen Museum am Kirchplatz gibt es eine Dauerausstellung über die Katastrophe.

3 Der Holzbildhauer

Magische Kunst aus dem Kopf

Tief im Wald, auf der Lichtung um das Haus von Dieter Krause, finden sich vielerlei Schnitzwerke: ein überlebensgroßer Engel, Eulen, ein fletschender Hund, ein Waldwichtel mit spitzen Ohren. Die Begeisterung für seinen Beruf sieht man in seinen Augen, wenn Krause erzählt, wie viel Freude es ihm macht, Figuren, Waldgeister und Tiere aus dem Holz zu schneiden und zu schnitzen.

Er war gelernter Tischler und Forstwirt, hat als Angestellter im Staatsforst gearbeitet, ist endlich selbstständig und genießt die Freiheit, zu tun, was er will. Nebenbei ist er einer von drei Zapfenpflückern der Region und arbeitet in der Gefahrbaumfällung mit der Motorsäge im Baum. Er tritt auf Märkten auf und gibt wochenends Schnitzkurse (und übernachtet im Bauwagen). Einst erfand er Holzpilze für den Vorgarten. Eine Kartenlegerin hatte ihm Mut gemacht – er habe eine ausgeprägte künstlerische Ader. Da sie auch mit ihrer Behauptung, dass seine Freundin fremdging, richtig lag, legte er nun kreativ los und begann, amorphe Vogelhäuschen aus einem Stück zu schneiden.

Die Leidenschaft führt ihn immer weiter in die Kreation kunstvoller Unikate. Nun sind es zwei Meter hohe Lampen aus verwitterten Holzstämmen mit einer Glühbirne im Fuß, die magische Schatten werfen. Auf dem Grundstück lagern zahlreiche Eichen mindestens sechs Jahre, denn Krause liebt die natürlichen Strukturen von brüchigem Kernholz.

Seine neueste Erfindung sind Häuschen aus Lärche und Douglasie, die wie Strandkörbe funktionieren, unverwüstlich und mit Elefantenhaut geschützt. Man kann persönliche Totempfähle in Arbeit geben, mit Mustern und Tieren und ihren hintergründigen Bedeutungen. Von der rissigen Holzplastik über ein Paar im Stil von Barlach bis zur hohen Schnitzkunst reicht sein Spektrum – und das Erstaunliche ist: Er zeichnet nichts vor, hat die seltene Begabung, direkt aus dem Kopf zu schneiden.

Adresse Lebatzer Heckkaten 2, 23623 Ahrensbök | **Anfahrt** von Bad Segeberg die B 432 nach Ahrensbök, nach 2 Kilometern Richtung Stockelsdorf rechts | **Öffnungszeiten** nach Anmeldung, Tel. 0172/7591447, eulenkrause@aol.com | **Tipp** Von allen erdenklichen, häufig witzigen Figuren bis zum Merkel-Porträt finden sich Holzskulpturen bei Bildhauer Piegenschke in Gremersdorf bei Heiligenhafen – dort steht von Krause ein lebensgroßer grüßender Fischer an der Promenade.

4 Das Kultur Gut Hasselburg

Ein filmreifer Mord und jede Menge Film und Musik

»Stolt as en Rantzau / from (oder: klook) as en Reventlow / wilt as en Blome / listig as en Rumohr / riik as en Brockdörp« hieß es über die Adelsgeschlechter, die hierzulande mit ihren Herrenhäusern ansässig waren. Filmreif ist die Geschichte des Hasselburg-Besitzers Paul von Ritzerau, der 1553 einen Mann entführte und ihn hinrichten ließ. Die Anklage – nicht wegen Mordes, sondern Landfriedensbruchs – musste dem Junker vorgelesen werden, da er nicht lesen konnte. 17 Jahre später wurde er freigesprochen, weil die Entführung nicht auf Lübecker Stadtgebiet geschah.

Erbaut wurde diese Wasserburg – der Graben ist erhalten – von Graf Rantzau, auch die Namen Brockdorff und Blome tauchen in den Annalen auf. Schon Händel musizierte hier! Im 18. Jahrhundert hatten die Dernaths alles umbauen lassen. Zwei Kavaliershäuser flankieren das Haupthaus. Es folgt ein Wirtschaftshof; eine reetgedeckte Scheune mit einer gewaltigen Dachkonstruktion dient einer Fülle von Veranstaltungen. Den Abschluss bildet das Torhaus, ein Gebäudekomplex mit zwei Querflügeln. Aufsehenerregend war 1816 der Konkurs des letzten Dernath, der als Politiker ganz Skandinavien vereinigen wollte und sich damit übernommen hatte.

Später gehörte die Hasselburg den Grafen Plessen. Als zwei Brüder Plessen im Zweiten Weltkrieg fielen, erbte ihre Schwester das Gut, die mit einem Grafen zu Stolberg-Stolberg verheiratet gewesen war. Heute ist der Komplex im Besitz der Stahlberg-Stiftung, die mit beachtlichem Aufwand die Anlage zu einem »Kulturgut« ausbaut. Bewohnt wird die Hasselburg von der Hörspiel-Regisseurin Heikedine Körting von »Die drei ???« und »TKKG« und ihrem Mann, Musikprofessor Beurmann; die prächtige Halle mit geschnitzten Balustraden, Rokoko-Stuckaturen und einer illusionistischen Deckenmalerei ist im Rahmen von Veranstaltungen zugänglich. Hier wurden auch der Tatort »Blaues Blut« und »Das Erbe der Guldenburgs« gedreht.

Adresse Allee 4, 23730 Altenkrempe-Hasselburg, www.hasselburg.de | **Anfahrt** von Lübeck die A1 nördlich, Abfahrt Neustadt Richtung Schönwalde | **Öffnungszeiten** zu Veranstaltungen und nach Absprache | **Tipp** Unweit liegt die Hasselburger Wassermühle, in der die komplette innere Mühlentechnik erhalten ist. Das mächtige Wasserrad mit 40 Trögen – also Schaufeln – braucht für eine Umdrehung 3.200 Liter Wasser.

5 Die Alte Gutsgärtnerei

Blumen, Kräuter – Raritäten wie sonst nirgends

Diese landesweit einzigartige Gärtnerei wurde 2000 unter Denkmalschutz gestellt. Die historischen Gewächshäuser umschließen eine Gartenanlage: Pfirsichbäume, Feigen und Spalierobst, Bauerngarten, Wildobsthecke, Steinlabyrinth und Apotheker-Kräuterschlange, auch Gräser, ungewöhnliche Blumen und Gehölze – nicht nur Fülle und Vielfalt sind beeindruckend. Essbare Blüten und Kräuter wie auch Blattgemüse kann man kosten. Die Teilhaberin Ilka Mahro berichtet, dass ihre eigentliche Leidenschaft besonders ungewöhnlichen und seltenen Pflanzen gilt; so hat die Gärtnerei ein ständig wechselndes Angebot von Raritäten, wie es sie so sonst nirgends gibt. Und ein Rausch aus Rosen steht zum Verkauf, von historischen Sorten über englische Arten bis zu Kletter- und Ramblerrosen.

Alles ist ungemein liebevoll gepflegt und nicht nach dem Massengeschmack, sondern stilvoll angelegt. Und all dies ist mit dem Anliegen verknüpft, das Wissen über die Pflanzen weiterzugeben. Man kann hemmungslos fragen, sogar von Krankheiten befallene Pflanzenteile mitbringen – hier wird gerne geholfen. Auch Planungen und Gartenpflege gehören zum Angebot. Das Café zum Verkasematuckeln im beeindruckenden Gebäude des über 100-jährigen Palmenhauses gehört laut »Feinschmecker« zu den besten in Deutschland. Und im Garten gibt's noch ein weiteres Highlight – eine Dauerausstellung mit unmittelbar anrührenden Bildhauerarbeiten aus Simbabwe. Diese Shona-Skulpturen sind weltweit bekannt. Dazu passt Picassos Diktum: »Kunst wäscht den Staub des Alltags von der Seele.«

Das Gut Sierhagen nebenan, seit über 200 Jahren im Besitz der Familie von Plessen, umfasst 1.650 Hektar mit einer Milchviehherde, Pflanzungen von Weihnachtsbäumen und Ackerland. In den alten Scheunen gibt es Ausstellungen und Veranstaltungen. Fasane und Enten, Reh-, Dam-, Muffel- und Schwarzwild gibt's auf Anfrage beim Förster.

Adresse Heidberg 1, 23730 Altenkrempe | Anfahrt Autobahn von Lübeck, Abfahrt Richtung Neustadt, links nach Sierhagen | Öffnungszeiten März–Okt. Mo–Sa 10–18 Uhr, So 14–18 Uhr, Nov. Fr und Sa 12-17 Uhr | Tipp Wer von den Skulpturen beeindruckt ist, sollte nach Hamburg-Eppendorf fahren. Dort zeigt die Sammlerin Dörte Sievers in ihrer Galerie ZimArt Gegenwartskunst aus Simbabwe.

6__Der SIKU-Treff field & fun

Miniaturwelt der Landwirtschaft

In liebevoller Handarbeit wurde dieses Spiel-Museum aufgebaut; auf zahlreichen Ausstellungsflächen tummeln sich in dieser großen Scheune etwa 640 landwirtschaftliche Fahrzeuge im Kernmaßstab 1:32. Und damit die Stammgäste sich nicht langweilen, wird die Ausstellung alle sechs bis acht Wochen weitgehend umgebaut, denn die Sammlung umfasst noch weit mehr Maschinen.

Sven Ole Larson war schon als Kind angekickt: »Mit den Modellen der Marke Britains bin ich groß geworden.« Er sammelt seit vier Jahrzehnten die Fahrzeuge von SIKU – und hat sie jetzt fast alle zusammen. Das Hamburger Abendblatt nannte ihn »den größten Miniatur-Bauer Europas«. Was einst als harmloses Hobby begann, führte dazu, dass er seinen Beruf an den Nagel hängte und nun dieses Unternehmen in Vollzeit betreibt. Es kommen auch Sammler, um zu kaufen und zu fachsimpeln, und per Post wird zusätzlich gehandelt und getauscht. Das Grundanliegen jedoch ist es, den kleinen und großen Besuchern einen lehrreichen Einblick in die Vielfalt der Landwirtschaft zu bieten.

Der Gag, dass manche Stadtkinder denken, Kühe wären lila, stimmt ja manchmal wirklich. Und was machen ein Mulchsaatgrubber, ein Holzspalter und eine Ballenpresse? Was passiert im Kuhstall? Maisernte, Biogasanlage, Überladewagen – je genauer man hinschaut, desto mehr ist zu entdecken. Auch gibt es Flächen zum Spielen. Da kann man einen elektrischen Fendt Frontlader, einen John Deere Raupenschlepper oder eine Scania Zugmaschine leihen und quasi die Felder bewirtschaften. Es gibt Bücher über Natur und Landwirtschaft und nicht zuletzt auch einen Ausschank plus Flammkuchen; im Sommer kann man auch draußen sitzen. Und wenn man den Besuchern zuschaut, amüsiert man sich immer wieder, wenn Väter mit leuchtenden Augen den Nachwuchs nicht friedlich machen lassen, sondern den Kindern die Fahrzeuge aus der Hand nehmen, um selbst zu spielen.

Adresse field-and-fun-Platz 1, 23730 Altenkrempe-Sierhagen | **Anfahrt** Autobahn von Lübeck, Abfahrt ein Stück Richtung Neustadt, nächste links Sierhagener Weg, dann ausgeschildert | **Öffnungszeiten** März, April, Nov., Dez. Sa und So 11–18 Uhr, Mai–Okt. Mi–So 11–18 Uhr | **Tipp** Im Mai herkommen! Anfang des Monats gibt's nebenan auf Gut Sierhagen einen Antik- und Trödelmarkt mit über 100 Ausstellern. Und Mitte Mai folgt die große Lifestyle-Frühjahrsmesse, Thema: Garten, Einrichten, Lebensart.

7 Die Mühle Sventana

Nichts wie hin: Schrot und Mehl frisch mahlen lassen

Nach 40 Jahren Pause war aus dem nutzlosen Gebälk der Mühle Sventana wieder eine Windkraftanlage geworden – 1990 rieselte das erste Brotgetreide, zu Backschrot zermahlen, in den Sack. Für diese Aufbauarbeit der weit und breit einzigen mahlenden Mühle bekam die damalige Eigentümergemeinschaft bereits 1993 den Kulturpreis des Kreises Plön. Und für den Inhaber Uwe Karstens wurde bald mehr aus dieser Leidenschaft – er wurde zum Mühlensachverständigen und kämpft seither für den Erhalt der Mühlen in ganz Schleswig-Holstein. Für sein Engagement wurde ihm 2012 der Preis für Denkmalschutz verliehen, die höchste Auszeichnung auf diesem Gebiet in Deutschland.

Carl Friedrich Trahn aus Neustadt – mit 100 Neubauten der wohl erfolgreichste Mühlenbauer seines Jahrhunderts – errichtete diese Anlage 1860; 30 Jahre später zog sie an den heutigen Standort als Ersatz für eine abgebrannte Mühle. Seit den 40ern arbeitete sie ohne Flügel mit Maschinenkraft, in den 60ern riss ein Sturm die Kappe mit sich, Mitte der 70er war sie ganz stillgelegt. Das Bautagebuch der neuen Eigentümer ab 1982, die unendlich viel Arbeit und ihre Ersparnisse hineinsteckten, liest sich wie ein Abenteuer. Vom Mauerwerk über die Böden, vom Bau und Aufsetzen der 15 Tonnen schweren Kappe, Rollenkranz und Flügel, Hebewerk und Walzenstuhl bis zur Funktionsfähigkeit 2010 war es ein langer Weg.

Natürlich ist der Aufwand für dieses Kulturdenkmal höher als jeder Ertrag. In Holland, dem Land der Mühlen, werden Kosten zum Unterhalt von den Gemeinden getragen – für Langenrade wurde die Idee übernommen: Ein Kammrad zählt die jährlichen Umdrehungen, der Mühlenverein honoriert sie je nach Kassenlage. Wer möchte, kann Stammkunde werden und hier seine Vollkornschrote und Mehle aus Roggen, Weizen und Dinkel mahlen lassen. Dazu Wilhelm Busch: »Hat man Korn, dann fehlt's am Winde, hat man Wind, dann fehlt's am Korn.«

Adresse Langenrader Mühle, 24326 Ascheberg-Langenrade | **Anfahrt** von der A 27 Richtung Kiel, in Bornhöved Richtung Plön auf der B 430, in Ascheberg Richtung Wahlstorf | **Öffnungszeiten** Führungen 15. Juni–15. Sept. Di, Mi, Do 14–18 Uhr oder nach Vereinbarung unter renate-karstens@web.de | **Tipp** Vor Ascheberg ist Fischer Lasner ausgeschildert. Der gewünschte Fisch wird frisch aus dem Becken geholt, zum Verzehr oder Mitnehmen – lecker!

8 Das Kettensägenmuseum

Wo aus dem Beruf eine Leidenschaft entstand

Oft wird es zur Leidenschaft, wenn der Beruf und das Hobby Hand in Hand gehen. Schon Jan Matthiesens Vater war Zimmermann, er selbst machte eine Lehre im Sachsenwald und war Geselle bei Fürst Bismarck. Holz prägt sein Leben, er ist unabhängig, macht Lohnarbeiten für Förster oder die Stiftung Naturschutz. Und er baut Spielgeräte, Blockhäuser und Gartenmöbel – gerne auch nach den Wünschen seiner Besucher.

Vor 30 Jahren begann er zu sammeln. In seinem Kettensägenmuseum – ohne Eintrittspreis, reguläre Öffnungszeiten oder sonstige Formalien –, das er selbst auf dem Dach der Garage ausbaute, finden sich über 400 Exemplare, vom DDR-Gerät mit Moped- bis zum US-Teil mit Außenbord-Motor. Die älteste Säge ist von 1942. Da gibt es Zweitakter, einen Selbstzünderdiesel, sogar eine mit Wankelmotor. Seltene Stücke stammen aus Übersee und Kanada, einige aus Japan und Italien, es gibt Zwei-Mann-Sägen und eine mit 1,60 Meter Länge – »da muss man gut frühstücken«, meint Matthiesen trocken.

Viele alte, ramponierte Stücke bekam er geschenkt. Er restauriert sie liebevoll, nicht auf Hochglanz-Chic, sie sollen den eigenen Charakter behalten. (Wer grad 'ne Säge übrig hat: einfach melden.) Viele Teile tauscht er mit norwegischen Kollegen. Halb-ironisch nennt er sein Hobby: Substitution technischer Kulturgüter. Schließlich ist die Fülle der Sägenhersteller verschwunden, heute ist alles weitgehend normiert. Natürlich kennt Matthiesen die Shows mit Sägen und Äxten, Timber Sports und Carving. Er hat auch mal einen Drei-Meter-Grizzly gesägt. Und manchmal ist er beim jährlichen Oldtimerkettensägen in Schweden dabei. Was es nicht alles gibt! Angemerkt sei: Bekanntlich können Sägen ja vielerlei Zwecken dienen. Grandios ist der blutrünstige Filmklassiker »The Texas Chainsaw Massacre«, woraus Schlingensief dann »Das deutsche Kettensägenmassaker« machte, die böse Satire zum Mauerfall.

Adresse Lisch, 24326 Ascheberg, www.baum-stark.de | Anfahrt Von Plön auf der B 430 in Ascheberg rechts ab Richtung Wahlstorf; ab der Kreuzung an der Langenrader Mühle heißt die Straße Lisch, wie der Ortsteil. Vor der Eisenbahn liegt linker Hand der Hof. | Öffnungszeiten Anmeldung unter info@baum-stark.de | Tipp In der Staudengärtnerei in Bornhöved (s. Seite 30) gibt es eine Ausstellung mit Matthiesens Holzarbeiten.

9 Der GrafGarten

Busladungen, Bogengänge und Bisamratte

Eine Klingel sucht man vergebens, so tritt man durch das Holztor und steht bewundernd vor der vollständig mit einer Kletterhortensie bedeckten Wand rund um das Eingangstor des reetgedeckten Fachwerkhauses von 1630. Früher war dies ein dänisches Gericht, auch die Scheune ist 400 Jahre alt. Fenna Graf stammt aus Holland, wo die Türen immer offen sind; hier lebt sie seit einem Vierteljahrhundert und kümmert sich um den 10.000 Quadratmeter großen Garten. Auf die Frage, was wohl der Grund dafür sei, dass ganze Busladungen von Besuchern hier einfallen, nennt sie nicht bestimmte Pflanzen, sondern meint, es sei wohl die über Jahrzehnte entstandene persönliche Handschrift in dieser seltenen Alleinlage, mit vielfältig gestalteten Wasserlandschaften, verschiedensten Sitzecken, Kübeln und Töpfen allüberall.

Fenna Graf hält auch Vorträge und ist eine der Initiatorinnen von »Offene Gärten in Norddeutschland«, in deren Rahmen etwa 260 Gärten ihre Türen alljährlich an mehreren Terminen für vielleicht 100.000 Besucher öffnen. Gartenliebhaber sind ja eine ganz eigene Spezies – es heißt, dass viele Besucher, Profis wie Laien, dabei Gleichgesinnte fanden und Freundschaften schlossen.

Stauden und Gräser gehören zu den Schwerpunkten im GrafGarten, ebenso Rosen. Es gibt thematische Beete und einen Gemüsegarten, je eine Abteilung Kräuter und Arzneipflanzen, und ein größeres Lindenspalier, das – wie früher üblich – als Windschutz dient. Jede Jahreszeit bekommt in Farben und Formen einen ganz eigenen Charakter. Ein Bogengang ist mit Clematis, Blauregen und Rosen berankt. An den reduktionistischen Saunagarten am Saunahaus mit Glasfront und von Lavendel umrahmter Terrasse schließt ein geometrisches Wasserbecken an. Im japanischen Garten mit Iris, Lilien und Kugeleschen gehen die kreisförmigen Sitzplätze ineinander über, und im großen Naturteich gibt's nicht nur Fische, Frösche und Enten, sondern auch eine Bisamratte.

Adresse Sprangsrade, 24326 Ascheberg, www.grafgarten.de | Anfahrt von der A 7 in Neumünster auf die B 430 Richtung Plön, am Eingang Ascheberg links Richtung Bordesholm, nach 3 Kilometern links Feldweg | Öffnungszeiten siehe Webseite oder nach Absprache | Tipp Ein englischer Landschaftspark beim Herrenhaus von Gut Ascheberg lädt zum Spazierengehen ein – und zum Nachdenken über die Geschichte: Hier wurde vom Grafen Rantzau vor nicht mal 300 Jahren erstmals die Leibeigenschaft der Bauern abgeschafft.

10 Der Segelflugverein

Vom Rausch der Sinne und der Freiheit

Warum ist der Song von Reinhard Mey »Über den Wolken …« wohl so mega-erfolgreich? Der menschliche Traum vom Fliegen ist uralt, die Faszination ungebrochen. Dädalus versuchte es vergeblich mit Wachsflügeln, Leonardo zeichnete drauflos, und die Montgolfière startete mit heißer Luft. Doch der Segelflug, vor gut 100 Jahren begonnen, bekam buchstäblich erst Auftrieb, als den Deutschen nach dem verlorenen Ersten Weltkrieg im Vertrag von Versailles das Fliegen mit Motoren verboten wurde.

Die 160 Mitglieder des Vereins, davon 60 aktiv, haben einen besonders schönen Platz in Aukrug am Rand eines Naturschutzgeländes mit einer grasbewachsenen, einen Kilometer langen Startbahn, Flugzeughalle, Clubraum und Campingecke. Drei Doppel- und vier Einzelsitzer gehören zur Flotte des Vereins, ein paar private Flieger kommen dazu. In die Luft geht's mit einer 320-PS-Diesel-Doppeltrommelwinde über eine Hydraulik. Wie wär's mit einem Schnupperkurs – fünf Starts im Doppelsitzer für lächerliche 60 Euro? Es gibt einfache Gästeflüge und mehrere Ausbilder für die diversen Scheine – das steigert sich bis zur Teilnahme an nationalen und internationalen Wettbewerben. Streckensegelflug ist der Schwerpunkt der meisten Mitglieder hier, getragen von Thermik zu Thermik, um die größtmögliche Entfernung (mehr Risiko) oder den schnellsten Geschwindigkeitsdurchschnitt zu erreichen. Das Vereinsdreieck liegt zwischen Segeberg, Rendsburg und Itzehoe – der Vereinsrekord führte 780 Kilometer bis an die polnische Grenze. Unweit, in Wahlstedt, gibt's den Segeberger Segelflugverein, und in Neumünster wird auch mit Motoren und Ballons geflogen.

In der Traumdeutung wird Fliegen übrigens mit erotischen Sinnesrausch-Phantasien verknüpft, und natürlich mit der Befreiung von gesellschaftlichen Zwängen. Wenn man aber im Schlaf ins Bodenlose fällt und beim Aufprall aufwacht, bedeutet das schlechte Nachrichten.

Adresse Am Flugplatz, 24613 Aukrug, www.segelflug-aukrug.de | **Anfahrt** A 7 ab Neumünster-Mitte, die B 430 Richtung Hohenweststedt, nach 8 Kilometern links, Feldweg, ausgeschildert | **Öffnungszeiten** hin und probieren oder nach Vereinbarung | **Tipp** In Aukrug gibt es einen Golfclub, dessen Platz sicherlich zu den ruhigsten und schönsten weit und breit gehört – und der auch einen 6-Loch-Platz für jederfrau/-mann bietet.

11 Die Schlachterei Petersen

Von Katenschinken, Kapaun und kulinarischen Katern

Den Holsteiner Katenschinken, seit 2012 im Qualitätsregister der EU geografisch geschützt, gibt es von großen Herstellern wie auch von vielen Familienbetrieben in der Region. Doch nur eine Schlachterei räuchert noch nach alter Sitte in einer historischen Kate mit Eichenfachwerk, Reetdach und vor allem Wänden und Boden aus Lehm. Sie steht in Timmdorf, stammt aus dem Jahr 1788 und gehört der Familie Petersen, die seit 100 Jahren Fleisch, Schinken und Wurst herstellt. Es werden die besten Tiere der heimischen Rassen bei Bauern ihres Vertrauens ausgewählt, alles wird in Handarbeit selbst gemacht.

»Nur mit absoluter Qualität konnten wir uns gegen die wachsende Macht der Supermärkte durchsetzen«, meint Klaus, der die Tradition in dritter Generation fortsetzt. Natürlich gibt es Wild nach Jahreszeit. Und Ungewöhnliches – beste Stubenküken, Wildenten, ja sogar einen Kapaun – besorgt er auf Wunsch.

Viele Stammkunden kommen wegen dieser Spitzenqualität extra von weit her. Und absolut unbestechlich sind Willy und Socke, meine beiden Kater – die Leberreste aus dem Supermarkt lehnen sie kategorisch ab, aber sie stürzen sich auf die Stückchen von Petersen. Derselben Meinung waren schließlich auch die Tester des »Feinschmecker«, als sie 2003 von 600 Betrieben in ganz Deutschland den zweiten Preis an Petersen verliehen.

Der mahagonifarbene Holsteiner, von zarter Konsistenz, hängt zu Hunderten zum Nachreifen im Schinkenhimmel in dem großen Raum der Metzgerei. Besonders geschätzt wird auch die buchengeräucherte Katenrauchwurst, mit einem Schuss Rum versetzt; die Mettenden isst man gern gleich kalt aus der Hand. Mitten in Malente ist diese doppelte Fachwerkhalle ein Magnet für Einheimische und Touristen; im hinteren Raum, gemütlich vor dem brennenden Kamin, stehen Bänke und Tische, um nicht zuletzt die herzhaften Eintöpfe zu schlemmen.

Adresse Bahnhofstraße 23, 23714 Bad Malente | **Anfahrt** auf der B 76 von Lübeck nach Kiel vor Plön rechts nach Malente, mitten im Ort | **Öffnungszeiten** Di–Sa 7.30–18 Uhr, meist auch So und feiertags 11–18 Uhr | **Tipp** Da wir bei Tieren sind – unweit und leicht zu finden gibt es ein liebevoll gepflegtes Freigehege im Wald mit Rehen, Hirschen, Wildschweinen und mehr.

12 Die WunderWeltWasser

Zum Staunen: tasten, hören, sehen

Wasser ist der Inbegriff allen Lebens, schon für Thales von Milet war es der Urstoff allen Seins. Die Erdoberfläche besteht (wie der menschliche Körper) zu 70 Prozent aus Wasser – und dank der letzten Eiszeit hat Holstein viel davon abbekommen. Was liegt näher, als dieses Wunder einmal anschaulich zu erklären?

In Malente, dem »Herzen der Holsteinischen Schweiz«, das als anerkanntes Kneipp-Bad außer Seen und Fluss zusätzlich eine besondere Beziehung zum Wasser hat, wurde in einem Erlenbruchgebiet ein Naturpfad angelegt, der großen und kleinen Kindern das Ökosystem Wasser anschaulich vermittelt. Es gibt eine Niedermoorwiese, Schautafeln, Installationen und Stationen, die zum Hören, Tasten und Sehen des Elements Wasser anregen. Es finden sich liebenswert gestaltete, große aus Holz geschnittene Libellen, Insekten und Schmetterlinge, auch Milben, Fische und Seeadler, und einleuchtend gestaltete Tafeln erläutern die Biodiversität und ihre Zusammenhänge. Man kann sich dem Staunen über den Einfallsreichtum der Natur nicht entziehen. Da gibt's einen metergroßen Querschnitt durch einen Breitblättrigen Rohrkolben, den grünen Eintagsflügler, die Mosaikjungfer, die Beschreibung der Rot-Erle, und man sieht, wie Wassertropfen auf Pflanzenblättern in 1.000-facher Vergrößerung wirken und die Wasserabweisung und Selbstreinigung der Oberfläche funktionieren – boah!

Diese einzigartige Anlage wirkt in ihrer liebenswürdigen Naivität so rührend wie faszinierend – und es ist ganz unbegreiflich, dass dieser landesweit einzigartige Naturlehrpfad nicht mit geringem Aufwand radikal ausgebaut wird. Von Malente starten sowohl die Fünf-Seen-Fahrt nach Plön wie die Kellerseetour nach Eutin. Und das Kneipp-Bad könnte – statt abgewrackt – dem Wellness-Zeitgeist gemäß modernisiert werden. Die vielfältige Wunderwelt des Wassers zur konkurrenzlosen Eigenart des Ortes zu machen, liegt geradezu auf der Hand.

Adresse am Ende der Janusallee, am Kellersee, 23714 Bad Malente | Anfahrt von Kiel die B 76 Richtung Lübeck, hinter Plön links nach Malente, mitten im Ort an der Landesstraße nach Osten ausgeschildert | Öffnungszeiten täglich 8 – 16 Uhr | Tipp Der Kurpark von Malente ist einer der schönsten in Norddeutschland, von engagierten Bürgern saniert und gepflegt.

13 Der Ingenhof

Mit Solaris ein Prost auf den Präsidenten

Früher galt in Schleswig-Holstein die 99-Reben-Regel – mehr waren zum Weinanbau nicht erlaubt. Die Flächengrößen sind in der EU streng geregelt. Die Legende erzählt, dass Peter Harry Carstensen, seines Zeichens Ministerpräsident, in einer Bierlaune seinen Ministerpräsidenten-Kumpel Kurt Beck in Mainz anrief, um ihm ein paar Hektar abzuschwatzen. Tatsache ist, dass beide vereinbarten, dass Rheinland-Pfalz 2008 die Pflanzrechte für zehn Hektar Weinbau an Schleswig-Holstein abtrat. Nach dem komplexen Bewerbungsverfahren – Klima, Bodengutachten, Konzept für Ausbau und Vermarktung – bekam Melanie Engel den Zuschlag für drei Hektar. Übrigens: In ganz Deutschland gibt es rund 100.000 Hektar für den Weinbau (in Spanien eine Million). Das 400-Seelen-Dorf Malkwitz ist ein Ortsteil von Bad Malente-Gremsmühlen.

Melanie Engel hat den Hof geerbt und erinnert sich, wie in ihrer Kindheit der Ackerbau auf dem Hang stillgelegt wurde, weil er auf der 30-Grad-Steigung nicht mehr lohnte. Die Leute erklärten sie für bekloppt, als sie nun vom Weinbau sprach. Inzwischen gedeiht hier das edelste aller Gewächse, und sie ist der größte Weinbauer im Land, mit etwas Rotwein der Traube Regent, dem roten Cabernet Cortis und überwiegend der weißen Solaris-Traube. »Diese Sorte reift schnell ab, ist sehr robust und pilzresistent.« Die jungen Reben wurden 2009 frisch und trocken ausgebaut – 2013 erntete sie schon über 10.000 Liter.

Die Hauptsache auf ihrem Hof ist der Erdbeeranbau auf etwa 50 Hektar, mit einem großen Feld zum Selbstpflücken: von der Hand in den Mund – mmmh, ein beliebter Ausflug mit Kindern. In der Saison stehen in der Region zahlreiche Verkaufsstände in Form von Erdbeeren. Auf dem Hof gibt es Hühner und Hasen, Ponyreiten, sieben Ferienwohnungen, einen kleinen Laden und zur Früchtezeit ein Feldcafé zum Verkosten. Klar, die Nachfrage ist groß, billig ist der Wein nicht – aber köstlich.

Adresse Dorfstraße 19, 23714 Bad Malente-Malkwitz | **Anfahrt** von der B 76, zwischen Lübeck und Kiel, nach Malente, Richtung Lütjenburg, in Sieversdorf rechts nach Malkwitz | **Öffnungszeiten** Felder im Sommer 9 – 19 Uhr, Weinkauf Mo – Fr 8.30 – 16.30 Uhr | **Tipp** Unbedingt im Dorf besuchen: den ökologischen Ziegenhof im Wiesengrund, dessen Nutztier-Arche wächst, mit allen erdenklichen Bio-Produkten im Hofladen.

14 Der Ferienhof Radlandsichten

Lärm in der Einsamkeit auf dem Ostseehof des Jahres

Hier schreien alle durcheinander: Kuckuck und Gänse, Reiher und Kraniche, das Uhu-Pärchen in Pflege und wilde Uhus, brünstige Hirsche – da kommt schon mal ein Rudel von 40 männlichen Tieren zusammen. Dazu großmäulige Frösche und die zahlreichen Hoftiere, tja, und nicht zuletzt Kinder, denn die meisten Feriengäste sind Familien. Weil es eine Reihe größerer Ferienwohnungen gibt, mit zwei Bädern, kommen öfter Großfamilien aus drei Generationen. Denn, so Kathrin Dehn-Schumacher: »Die wohnen in den Städten doch getrennt, wann sonst leben denn mal alle zusammen?«

Vom Familienleben verstehen die Schumachers was: Seit 1781 – in neunter Generation! – bewirtschaften sie den Hof, derzeit sind Kathrin und Frank am Ruder. Der knorrige Altbauer Gerd (mit seiner Ingrid) kümmert sich aktiv um den Schutz der Natur, von Rotbauchunken bis zum Eisvogel. 2009 bekam er das Bundesverdienstkreuz für seinen jahrzehntelangen Kampf um die Renaturierungen zahlreicher Gewässer in der Region. Er ist aktiv im Projekt Wasser-Otter-Mensch und im Länderverbund für die Wasserqualität der ganzen Ostsee. Und Radlandsichten wurde vom WWF als »Ostsee-Landwirt des Jahres 2014« ausgezeichnet!

Der frühere Hof lag in Timmdorf, doch nachdem er mehrfach abgebrannt war, wurde die Familie ausgesiedelt und baute ihn neu – Rodeland und Landsichten –, damals ein gefährliches Unternehmen in dieser Einsamkeit, noch heute weit von der nächsten geteerten Straße entfernt.

Ferienhöfe gibt's ja viele, doch wenige lassen sich so viel einfallen. Die alte Eiche mit einer Krone und zwei Stämmen ist das Logo. Ungewöhnlich ist der mächtige Hochseilgarten. Es gibt Bogenschießen, Ackergolf, Streicheltiere, ein Pony und das erste Hofcafé der ganzen Region – den Gästen wird es nie langweilig.

Adresse Radlandsichten, 23714 Bad Malente-Timmdorf, www.radlandsichten.de | **Anfahrt** zwischen Lübeck und Kiel in Plön die B 430 Richtung Lütjenburg, rechts über Grebin Richtung Malente, rechts ausgeschildert | **Öffnungszeiten** ganzjährig was los | **Tipp** In Neversfelde steht ein wunderbarer großer Holzturm, von Gerd Schumacher mit begründet, der eine sagenhafte Aussicht über die traumhafte Seenlandschaft der Holsteinischen Schweiz bietet.

15_Das Idyll an der Brücke

Liebenswürdiges Stelldichein von Mensch und Natur

»Dies ist der schönste Platz auf der ganzen Welt«, meint Astrid von Bredow, weshalb sie nach einem Leben sonst wo nun wieder nach Timmdorf zurückgekehrt sei, diesem liebenswürdigsten Flecken mitten in der Holsteinischen Schweiz, umgeben von zahllosen Seen, eingebettet in die harmonische Hügellandschaft eiszeitlicher Endmoränen. Das sagen zwar viele von ihrer Heimat – aber wer will das Gegenteil beweisen?

Die kleine Brücke ist zauberhaft, hier fließt die Schwentine vom Diek- in den Langen- und weiter in den Behler See. Die Straße ist eng und krumm – und, ein Segen, gesperrt für Lkw und Busse, weshalb dieses Dorf mit knapp 600 Seelen, ein Ortsteil von Malente, vom Massenverkehr verschont bleibt. Zwei schmale hölzerne Bürgersteige an der Brücke erlauben den Blick übers Wasser in die Ferne, nach Osten vier Kilometer nach Bad Malente. Und die Böschung hinunter, am Fluss, liegt ein unvergleichliches Idyll, mit ein paar Tischen und Bänken, einem mächtigen Monolithen aus der Eiszeit und einem Holzsteg in den Dieksee. Man spürt das therapeutische Heilklima, und das Plätzchen strahlt eine friedliche Stimmung aus, der man sich nicht entziehen kann.

Hier halten die Schiffe der Fünf-Seen-Fahrt – gewissermaßen Wasserbusse nach Plön und Malente (s. Seite 73) –, die wie nach Maß so grade eben unter der Brücke durchpassen. Und hier ist ein ständiges Stelldichein nicht nur von Enten und vielerlei Wasservögeln, sondern von Radfahrern und Wanderern, Tauchern, Anglern und Picknick-Familien. Ruderer und Paddler der Schwentine-Tour mit Kanus und Kanadiern oder Faltbooten machen hier Pause – oder um die Ecke, im Landgasthof Kasch, einem beliebten Restaurant und Hotel, das einen eigenen Wasserarm als Zufahrt hat. Und wem auf dem Bürgersteig eine Joggerin gefolgt von einem joggenden Schaf begegnet, das ist Anja Kasch mit ihrem Findus, den sie mit dem Fläschchen aufgezogen hat.

Adresse 23714 Bad Malente-Timmdorf | **Anfahrt** von Kiel die B 76 bis hinter Plön, in Stadtheide links Richtung Niederkleveez, links nach Timmdorf | **Tipp** Um die Ecke, der Suhrer See mit seiner Umgebung, ist Naturschutzgebiet. Er ist nährstoffarm mit großer Artenvielfalt im klaren Wasser, mit feuchten Bruchwäldern mit Eschen, Weiden und Erlen und einem kleinen Moorwald im Uferbereich. Die Forstwirtschaft wurde eingestellt, und zum Schutz der Wasservögel ist Wassersport verboten.

16 Die Kunsthalle Otto Flath

Ein Meister der Altäre, Plastiken und Gemälde

Otto Flath, 1906 in der Ukraine geboren, begann 1922 eine Lehre zum Elfenbeinschnitzer in Kiel, studierte Holzbildhauerei und lebte von 1936 bis zu seinem Tod 1987 in Bad Segeberg. Er zeichnete zunächst Fabeltiere à la Wilhelm Busch, orientierte sich an den Zeitgenossen Ernst Barlach und Käthe Kollwitz und gestaltete zunehmend christliche Themen und Schicksale. Seine Förderin Ellen Burmester meinte über die Figuren: »Nicht die Not müssen sie darstellen, sondern wie man da herauskommt.«

Flath arbeitete meist in Lindenholz und entwickelte zunehmend einen eigenen Stil, mit ausdrucksstarken Furchen im Holz, häufig mit Schleiern und anderen Textilien um die Figuren und Gesichter. Allein der Altar der Anscharkirche in Neumünster aus mächtigen Lindenstämmen mit 250 Gestalten und Symbolen ist einen Ausflug wert.

Sein Werk umfasst 50 Altäre, über 3.500 Holzarbeiten und 20.000 Gemälde und Zeichnungen. Die Otto-Flath-Stiftung zeigt in der Kunsthalle 50 plastische Arbeiten, auch aus Alabaster, Elfenbein und Bernstein. Und sie verwaltet etwa 10.000 der Zeichnungen und Aquarelle, die jährlich wechselnd in themenbezogenen Ausstellungen präsentiert werden. Flath verstand sich als Bildhauer, malte jedoch täglich, zur Entspannung, auch zur Ideenfindung; seine Aquarelle sind voll ursprünglicher Kraft und heute ebenso bedeutsam wie sein plastisches Werk. Er probierte vieles, manches erinnert an Chagall, später malte er auch abstrakt. Es gab barbarische Überlegungen der Stadt, die Flath-Unterstützung einzustellen und den Ausstellungssaal abzureißen, aber das ist hoffentlich vom Tisch; der Otto-Flath-Stiftungsrat und -Vorstand arbeiten an einem neuen Konzept.

In diesem Ambiente, unweit des Großen Segeberger Sees, ist noch die Atmosphäre der früheren Künstlergemeinschaft zu spüren, und in den Wohnräumen leben wechselnd zeitgenössische Künstler als Stipendiaten.

Adresse Bismarckallee 5, 23795 Bad Segeberg, www.otto-flath.de | Anfahrt in der Innenstadt der Beschilderung »Kurzentrum«, dann »Ärztekammer« folgen | Öffnungszeiten April–Okt. Sa und So 15–18 Uhr oder nach Vereinbarung | Tipp Für Kunstfreunde in der Region lohnt die Fahrt nach Fehmarn zur Ernst-Ludwig-Kirchner-Dokumentation – auf den Spuren des Malers über die Insel.

17_Das Noctalis

Mit den Ohren sehen und im Hängen schlafen

Sie hängt kopfüber an der Strickjacke einer Tierpflegerin, schaut neugierig und zutraulich, wiegt knapp ein Pfund, hat eine Spannweite von 1,20 Metern – und kann nicht wegfliegen. Anne Jepsen, Geschäftsführerin dieser einzigartigen Fledermaus-Ausstellung, erläutert, dass Foxi Flatterinchen, diese so menschenorientierte indische Flughündin, als Kind den Zeitpunkt verpasst hat, um das Fliegen zu lernen.

Die Segeberger Kalkberghöhle – mit 22.000 Fledermäusen eins der bedeutendsten Winterquartiere Europas – ist als Naturdenkmal berühmt. Nebenan im Noctalis wird das Leben und Treiben der uns so fremden wie faszinierenden Tiere unmittelbar anschaulich. Sie »sehen« mit den Ohren, laufen an der Decke und schlafen im Hängen. Von der Bibel über die bildende Kunst bis zu den Vampiren werden Fledermäuse in Europa mit dem Bösen und dem Tod assoziiert, Dämonen und teuflische Wesen werden oft mit Fledermausflügeln dargestellt. Die Literatur reicht vom bluttrinkenden Dracula bis zum Comic-Helden Batman. In China jedoch stehen Fledermäuse für Glück und Gewinn, auch für langes Leben und Reichtum. Obwohl die Tiere über ein hoch kompliziertes Echo-Ortungssystem mit Ultraschall verfügen, womit sie Insekten im Flug fangen und hauchfeine Drähte erkennen, können schnelle Autos eine Gefahr für sie sein – es gibt heftige Auseinandersetzungen um den Weiterbau der Autobahn in der Nähe. Und auch Windkraftanlagen können ja für Fledermäuse lebensgefährlich sein.

Auf zahlreichen Tafeln, an Video- und Audiostationen werden auf vier Etagen anschaulich und unterhaltsam die vielen Fledermausarten, ihre Lebensformen, biologischen Eigenschaften und Verbreitungsgebiete dargestellt. Pädagogische Angebote stehen neben der ökologischen Grundlagenforschung. Und hinter Glas kann man den Flugkünsten von über 100 Brillenblattnasenfledermäusen und anderen Exoten zuschauen.

Adresse Oberbergstraße 27, 23795 Bad Segeberg | **Anfahrt** Die Karl-May-Spiele sind gut ausgeschildert; hier sollte man parken und zu Fuß um den Hügel gehen. | **Öffnungszeiten** April–Sept. Mo–Fr 9–18 Uhr, Sa, So und Feiertage 10–18 Uhr, Okt.–März Mo–Fr 9–17 Uhr, Sa, So und Feiertage 10–18 Uhr | **Tipp** Man kann ihn selbst bauen oder kaufen und am Haus aufhängen: einen Fledermauskasten als Zuhause für dieses einzige fliegende Säugetier, damit es tagsüber ungestört abhängen kann. Und nebenan, von der Gipfelplattform des Kalkbergs, reicht der Blick bei gutem Wetter bis zu den Kirchtürmen von Lübeck.

18 Der See-Pudel

Currywurst und Hundestrand und Bullenhörner

Auf den ersten Blick ist dies eine stinknormale Kneipe. Die Einrichtung ist Kuddelmuddel von gestern. Nichts passt zueinander, vom Gemisch der Stühle, der halbhohen Täfelung, den karierten Tischdecken bis zum altbackenen Wandschmuck und den Tischen draußen auf Kies und ungemähtem Gras.

Wo gibt es das noch, liebenswürdig stehen geblieben, nichts ist aufgemotzt – und das in traumhafter Alleinlage vor dem kilometerlangen Strand? Der auch noch kurtaxenfrei ist, wie der Bürgermeister von Behrensdorf, Heiner Sachau, stolz berichtet. Mit einem riesigen Naturschutzgebiet ringsum. Nördlich liegt der Leuchtturm von Todendorf; den kann man für nur 100 Euro für Hochzeiten mieten – dann wird er zur offiziellen Behörde, als Außenstelle des Lütjenburger Standesamtes.

Der Pudel-Wirt, Achim Westphal, legt Wert auf gute Küche – die Burger von Highlandern stammen von Tieren aus dem Hofladen im Dorf. Und Susanne Wiegand schwört: »Das ist die beste Currywurst mit Pommes weit und breit; dafür kommen sogar Gäste die paar Kilometer von Hohwacht zu Fuß.« Sie muss es wissen, arbeitet sie doch im Tourismusbüro. Achim ist ein Original, er arbeitete früher als Kellner, hatte auch mal einen Club in Kiel. Geöffnet ist von Ostern bis Silvester, im Winter jobbt er bei den Bauern, Ställe ausmisten und so. Im Dorf kann man Unterricht nehmen und Pferde mieten, für therapeutisches Reiten und ab Herbst fürs beliebte Strandreiten. Und unweit vom See-Pudel gibt's sogar einen Hundestrand.

Zu Behrensdorf gehört das Dörfchen Stöfs, dort liegt der Königstein: »Hier hielt König Wilhelm«, steht darauf. Der Bürgermeister erzählt: 1868 – also wenige Jahre nach dem Deutsch-Dänischen Krieg – kam Preußenkönig Wilhelm I. mit seinem Gefolge von Gut Panker und empfing hier das Gesinde vom Gut Waterneverstorf. Die Aussicht des Königs auf Landschaft und Ostsee dürfte sich bis heute kaum verändert haben.

Adresse Strandstraße, 24321 Behrensdorf | **Anfahrt** von der B 202 in Lütjenburg die Hauptstraße Richtung Schönberg, rechts nach Behrensdorf, geradeaus die Strandstraße nach Norden, am Campingplatz vorbei | **Öffnungszeiten** im Sommer Di–So 12–21 Uhr, im Winter Fr, Sa, So 12–20 Uhr | **Tipp** Falls jemand auf die Idee kommt, über die Zäune auf die Wiesen zu steigen: Die Hörner der Bullen zeigen waagerecht nach vorne – sind also besonders zum Aufspießen geeignet. Die der Kühe sind, natürlich für die Schönheit, länger ausladend und nach oben gebogen. Kaufen kann man das Fleisch der Highlander um die Ecke bei Bauer Kiene.

19 Fisch vom Kutter

Wo Butt und Dorsch am Yachthafen verkauft werden

Dieser zauberhafte, ursprüngliche Naturhafen ist nicht nur ein Paradies für Bootsliebhaber. Weit und breit gibt's keine Häuser, nur kilometerweit Natur pur entlang am Ostseestrand. Im Hafen liegen etwa 250 Motorboote und Segler, landeinwärts gehört ein Campingplatz dazu.

Lippe ist der einzige Hafen in Privatbesitz und gehört zum Gut Waterneverstorf des Grafen Waldersee ebenso wie der Große Binnensee, aus dem alljährlich im Herbst das Wasser abgelassen wird. Hafenmeister Manfred Lau erzählt, dass er Ende Oktober alle Boote aus dem Wasser holt, weil das Brackwasser im Winter komplett gefriert. Ab 1. April werden sie wieder zu Wasser gelassen. Lau stammt hier aus dem Dorf. Seit Ende der 90er gibt's für den Hafenmeister in der Saison keine freien Tage, »dafür hab ich die Wintermonate ja frei«. Man spürt, wie er in dieser Aufgabe aufgeht, und natürlich kennt er alle Stammgäste; schließlich kommen viele schon seit 30 Jahren auf den Campingplatz.

Die besondere Attraktion sind die Fischkutter – was gibt es Besseres als fangfrischen Fisch direkt vom Schiff? Zwei hauptberufliche Fischer bieten ihre Ware feil; einer schneidet auf Wunsch gleich die Filets. Das Angebot schwankt naturgemäß, am häufigsten gibt es Dorsch, der in der Nordsee Kabeljau heißt (der Name kommt übrigens vom Dörrfisch, den schon die Wikinger kannten). Und Butt, ein Plattfisch, der auch Flunder oder Scholle genannt wird. Aal ist selten geworden. Im Frühjahr und Herbst gibt's kurze Zeit Heringe. Auch Meeräschen gehören zum Fang. Und Meerforellen – die nun sind Verwandte vom Lachs, weshalb sie verkaufsfördernd Ostseelachs genannt werden. Essen kann man sie nebenan, im strohgedeckten »Klabautermann«.

Als Ferienlektüre bietet sich hier »Der Butt« von Nobel-Dichter Günter Grass an, der diesen klassischen Ostseefisch zum Titelhelden eines großen Romans machte.

Adresse Yachthafen Lippe, 24321 Behrensdorf | Anfahrt von der B 202 östlich von Lütjenburg nach Hohwacht, dort links Richtung Behrensdorf | Tipp Für Freunde der entblößten menschlichen Natur – selten attraktiv, aber nun denn – gibt's unweit vom Hafen Richtung Hohwacht einen schönen FKK-Strand.

20 Die Fischzucht Reese

25 Fischarten, von Aal und Maräne bis Zander

»Einmal Maräne, immer Maräne«, behauptet die Familie Reese, die in vierter Generation seit Ende des 19. Jahrhunderts an vier Standorten Fische großzieht. Ihre Zucht ist die größte von zwei Dutzend Binnenfischern in Schleswig-Holstein. Hierher, nach Bellin am Selenter See, kommen auch Touristen von der nahen Ostseeküste, um im Laden Aale, Hechte und Barsche einzukaufen oder direkt eine Edelmaräne – vielleicht mit Weißwein und Mandelblättchen? – genüsslich zu zerlegen. Dieser Süßwasserfisch gehört zur Familie der Lachsfische und ist eine Spezialität der Seenplatte. Der Chef, Gunnar Reese, glaubt an den Siegeszug seiner Züchtung, wie er einst mit den Forellen begann: In Sarlhusen, westlich von Neumünster, im Naturpark Aukrug, kaufte sein Vorfahr Marx Reese einst eine Papierfabrik und begann mit der Zucht von Forellen. Heute ist dort die Schaltzentrale des Unternehmens, auch für Verarbeitung und Vertrieb. In Mühlenfeld südlich von Lütjenburg ist der Quellwasserstandort des Betriebs mit der Anlage für die Erbrütung und Anfütterung der Forellen; die Setzlinge werden mit gut drei Gramm in die Teiche umgesetzt. Bei Reese in Plön gibt's im Bistro einen »Hechtburger« und frisch aus den Becken Zander, Barsche und Brassen. Und der Selenter See, sieben Kilometer lang und bis zu 40 Meter tief, gilt als einer der saubersten in der Region.

Kaufen oder lieber selbst fangen? Im Park Papiermühle haben Angler ein sicheres Spiel, denn die sechs Naturteiche und der Bachlauf werden mit Fischen besetzt, von Aal bis Zander. Auch am Plöner See kann man einen Angelurlaub buchen, mit Fanggarantie. Geheimtipp ist die Seeforelle. Oder wie wär's mit einem großen Hecht?

Fast ein Drittel der Fische fressen die Reiher und Kormorane, das ist schon heftig. Aber mit den Seeadlern, von denen Gunnar Reese einmal sieben Exemplare gleichzeitig sichtete, teilt der Fischer gerne.

Adresse Am See 27, 24238 Bellin | **Anfahrt** an der B 202 von Kiel 25 Kilometer Richtung Lütjenburg | **Öffnungszeiten** Di–Fr 9–17 Uhr, Sa, So 9–13 Uhr | **Tipp** Um die Ecke, an der Nordostseite des Sees, liegt ein riesiger Naturpark mit einer Fläche von über 700 Hektar. Hier ist die größte unverbaute Seeuferlandschaft des Landes – ein gigantisches Vogelparadies.

21 Die Vogelzucht Bottke

Knallbunt, schrill und geschwätzig

Es ist phänomenal, welche Fülle an Pfiffen und Schreien, Trillern und anderen durchdringenden Tönen Sittiche und Papageien von sich geben können, wenn man zwischen den 50 Volieren mit über 400 Vögeln von drei Dutzend Arten herumschlendert – und über die knalligen Farben und klugen Augen dieser Tiere aus aller Welt staunt. Von Wellen- und Nymphen-, Kragen-, Barnard- und Ringsittichen aus Australien über dunkelrote und Gelbbrust-Aras aus Südamerika, grüne Kongos und Graupapageien aus Afrika bis zum Großen Alexander und Chinasittichen aus dem Himalaya. Besonders stolz ist die Züchterin Karin Bottke auf ihre über 30 Aras: »Ich weiß, was die wollen – und die, was ich will.« Diese Zucht ist einmalig in Norddeutschland. »Das da sind Pflaumen- und das Mohrenköpfe«, erklärt sie mit Kurzbegriffen. Und ihr Mann Detlef, ein Zimmermeister, spricht mit dem Edelpapagei Enrico aus Neuguinea und meint: »Die Kinder aus dem Dorf kommen gerne, um mit ihm zu reden.«

Wohl 100 Pokale füllen die Vitrinen, von Wettbewerben bis zur jährlichen Vogelschau in Kassel. Alleine 2012 wurde einer ihrer Chinasittiche Bundessieger und ein Neuguinea-Edelpapagei Landessieger.

Im Wohnzimmer gibt es eine Reihe von Volieren – in einer sitzt ein Pflegefall: eine Blaustirnamazone, die mit Brei und Bananen ernährt wird, weil ein Kakadu den Oberschnabel abgebissen hat. Durch die Aufzucht mit der Hand sind viele Vögel besonders zutraulich – und natürlich können sie auch reden, mit »guten Morgen« geht's los. Einer der Aras hat einen nackten Körper, er hat alleine gelebt und sich jahrelang alle Federn ausgerissen. So wie er werden viele Vögel hier in Pflege gegeben. Sie müssen immer als Paare gehalten werden – und bei ihrer Partnerwahl ist es wie bei Menschen: Sie müssen sich mögen. Sonst sitzen sie auf der Stange – und nix passiert. Aber wenn's funkt, sind sie absolut treu.

Adresse Lensahner Straße 18, 23738 Beschendorf | Anfahrt von der A 1 Abfahrt Lensahn, nach Süden Richtung Neustadt | Öffnungszeiten nach Absprache, Tel. 04564/382 | Tipp Unweit, bei Altenkrempe, in der Gutsanlage von Sierhagen, von einem Wassergraben umgeben, wurde 1978 der Roman »Jauche und Levkojen« von Christine Brückner verfilmt – mit beeindruckenden Torhäusern und einem klassizistischen Herrenhaus.

22 Der Antik-Hof

Das Ausgefallene ist hier zu Hause

»Dinge, die man sonst nicht findet« – dieser Wahlspruch von Russ, dem Geschäft für Antiquitäten und Einrichtungen, gilt für den gesamten Hof, der in dieser strukturschwachen Gegend in der Geest vollkommen aus dem Rahmen fällt.

Das Besondere sind die neuen Möbel, viele davon Unikate, alle erstaunlich stilsicher. Sie werden von besonderen Firmen in Deutschland entworfen und gebaut, und vieles wird in der eigenen Werkstatt selbst gefertigt, auch nach Wünschen und Maßen der Kunden. Es gibt Lifestyle-Möbel aus alten Materialien wie Dschunkenholz oder Industriebauteilen, auch Bauholz-Design und ungewöhnliche Kindermöbel – Originalität ist Trumpf. Beeindruckend ist ein großer Tisch, von einem Metallbauer und einem Tischler gefertigt, den man mit lautem Klackern hochschrauben kann. Der Antiquitätenhandel sei überregional so kaputt, berichtet Geschäftsführer Sacha Fey, dass die alten Stücke, natürlich perfekt restauriert, eher zur Atmosphäre gehören; das Alte ist offensichtlich nicht mehr »in«. Es gibt eine umfangreiche Stoffabteilung, eine eigene Polsterei. Fey meint: »Wir passen in keine Schublade, das ganze Unternehmen ist ein ständiger Bewegungsprozess.«

Die teils strohgedeckten alten Gebäude beherbergen im früheren Kuhstall ein gehobenes Restaurant – auffallend sind rundherum ein Dutzend gemütliche alte Sofas, neu aufgearbeitet und bezogen. In der Mitte brennt ein großes offenes Feuer, die Tische und Stühle sind allesamt Antiquitäten. Haupt- und Nebenraum bieten etwa 120, die Terrasse im Sommer weitere 100 Plätze. Die Zutaten stammen aus der Region – dies war das erste zertifizierte Bioland-Restaurant und Gründungsmitglied von FEINheimisch in Schleswig-Holstein. Auch der kleine Hofladen bietet Ungewöhnliches. Und hinten am Gartenhaus steht »Nostalgie und Tradition« auf dem Schild – das gilt für Dekoartikel und Gartengeräte wie für die besonderen Rosenzüchtungen und Begleitpflanzen.

Adresse Eiderstraße 13, 24582 Bissee | **Anfahrt** von Kiel die B 404 nach Süden Richtung Bad Segeberg, in Klein Barkau rechts, bald wieder links | **Öffnungszeiten** Laden: Mo 10–18 Uhr, Di–Fr 10–20 Uhr, Sa 12–20 Uhr, Restaurant: im Winter Di–Fr ab 18 Uhr, Sa, So ab 12 Uhr, im Sommer Di–So ab 12 Uhr | **Tipp** Von Mai bis Oktober gibt es in Bissee alljährlich eine wunderbare Ausstellung – eine Schau großer Skulpturen, die im gesamten Dorf verteilt sind.

23 Die Chihuahuazucht

Es gilt die Maxime: Gesundheit vor Schönheit

Sie kann sich heftig aufregen, was für Schindluder getrieben wird – und worauf die Käufer reinfallen. Modische Irrtümer wie zu kleine Zuchttiere, Extremköpfe mit zu kurzem Fang, Glupschaugen und schlechte Atmung sind ihr ebenso zuwider wie der unkontrollierte Import aus Osteuropa. Wer wenig zu Hause ist und keine Zeit hat, bekommt von ihr kein Tier. Nie sollte man einen Hund ohne Gesundheitszeugnisse der Eltern kaufen. Und es gilt die Maxime: Gesundheit vor Schönheit.

Wenn man bei Tina Dreier – Biologin und leidenschaftliche Züchterin – und ihrer Mutter Gunda ins Wohnzimmer kommt, geht gleich das Gewusel los, übrigens mit erstaunlich wenig Gebell. In mehreren Laufställchen wie für Kleinkinder purzelt der Nachwuchs über die Mamas, Gäste werden umfassend begrüßt, auch ihr Schoß besetzt, auf der großen Sofaecke mit Stofftieren ist Äktschen, ebenso im benachbarten Hunderaum, in Holzhäuschen und, je nach Wetter, auf der riesigen Wiese. Man kann sich vorstellen, wie kosten- und arbeitsintensiv so eine Zucht ist, regelmäßig neue Deckchen und Klos, ständige Pflege, Ernährung mit bestem Futter ohne Getreide. Um die 700 Euro kostet ein Welpe – aber nur für Käufer, die den Hund auch als Verpflichtung begreifen. Ein Dutzend ausgewachsene Chihuahuas und, wechselnd, ebenso viele Welpen sind die Stammbesatzung. Etwa zehn Würfe jährlich mit durchschnittlich drei Babys sorgen für ständigen Austausch in der Zucht – zahlreiche Pokale berichten von Erfolgen. Nun kamen sieben Japan Chins dazu, eine Zwerghunderasse, wenig größer als die Chihuahuas.

Gunda lebt vom Immobilienhandel, zu ihrem Haus in Hamburg gehört natürlich auch ein Garten für die Hunde. Und im Winter ist die gesamte Corona meist in Spanien unweit von Valencia, wo allen das Wetter besser bekommt – mit Gesundheitszeugnissen für jeden von der Hunde-Truppe immer ein großer Umzug.

Adresse Steinkamp 6a, 24327 Blekendorf-Futterkamp | **Anfahrt** von Kiel die B 76 Richtung Plön, links die B 202 über Lütjenburg Richtung Oldenburg, nach dem Obst-Erlebnisgarten rechts, Schild: Familie Dreier | **Öffnungszeiten** Besuche nach Vereinbarung, Tel. 04381/419562 | **Tipp** Zur Gemeinde gehört der große und touristische Sehlendorfer Strand mit drei Campingplätzen und Wanderweg an einem naturgeschützten Binnensee, der als einziger noch eine offene Verbindung zur Ostsee hat.

24 Die Hünengräber

Einsame Megalithanlage der Trichterbecherkultur

»Mit römischen Tempeln können wir Schleswig-Holsteiner nicht aufwarten, aber wir haben hier die Tempel der Jungsteinzeit. Wenn das nichts ist!«, meint die Kieler Autorin Astrid Rußmann. Allerdings gibt es wenige Hünengräber in der Region; diese Langbetten aus der Jungsteinzeit auf dem Ruserberg sind durch ihre einzigartige Lage in einem Wäldchen auf einem Hügel besonders reizvoll. Viel zu sehen gibt's nicht, außer mächtigen Steinen rund um diese drei rechteckigen Grabanlagen der Trichterbecherkultur, Steinkammern aus Geschiebeblöcken, von denen zwei über 50 Meter lang sind. Aber die Atmosphäre ist einzigartig, es entsteht eine Magie, der man sich kaum entziehen kann, wenn man beginnt, sich das damalige Leben vor Augen zu führen. Früher wurden diese ältesten Steinbauten im Volk noch für Gräber von Riesen gehalten, dann für Kult- und Opferplätze, bis erst vor rund 150 Jahren ein dänischer Archäologe den Grabcharakter entdeckte. Doch die Wissenschaft ist noch unsicher, es können auch Beinhäuser – Ossuarien – gewesen sein.

Diese Zeugnisse der Megalitharchitektur aus der Zeit des Übergangs von Jäger- und Sammlerkulturen zu Sesshaftigkeit und Tierhaltung, diese Steinkammern für die Toten unserer Vorfahren lassen Bilder entstehen, wie sie auf Robben- und Waljagd gingen und mit Feuersteinbeilen das Holz bearbeiteten. Wie haben sie diese bis zu 20 Tonnen schweren Brocken bewegt?

Die Autorin meint weiter: »Seltsam finde ich nur, dass die einfach so in der Gegend herumstehen; keiner kommt offenbar auf die Idee, sich mal ein Steinchen zu holen und als Trophäe in den Vorgarten zu legen – so uninteressant ist der Ort. Dabei sind diese Bauwerke älter als die Cheopspyramide!« Die Einsamkeit hier am Ende der Welt und die wunderbare Aussicht tun ein Übriges, die berühmte Seele baumeln zu lassen und über die kurze Geschichte der Menschheit nachzudenken.

Adresse 24327 Blekendorf-Futterkamp | **Anfahrt** die B 202 von Lütjenburg Richtung Oldenburg, in Futterkamp die Straße Fuhlensee Richtung Hohwacht, dort nach links ausgeschildert | **Tipp** Eine ganz besonders schöne Lage hat das 100-Meter-Langbett Krausort in der Gemeinde Großenbrode, nicht weit von hier im Nordosten – mit Blick bis zur Fehmarnsundbrücke.

25 Der Obst-Garten

Ein kunterbuntes Kinderfest und allerlei zu ernten

Hier gibt's nicht nur vielerlei Arten von Obst und Beeren, sondern eine Menge kunterbuntes Geschehen drumherum. Für Kinder ist dies ein großes Spielparadies. Viele Eltern kommen, um – verschont vom rundum beschäftigten Nachwuchs – stundenlang zu entspannen und zu klönen. Spielturm, Hüpfkissen und Sandburg, Seilbahn, Gokart-Bahn und Büttenbahn, eine tolle Strohburg, Maislabyrinth, Spielscheune und Spielteich – da finden die Kids und ihr Bewegungsdrang Anregungen und viel Platz, und auch die Eltern finden die Tiere im Streichelzoo süß. Anstelle der abgepackten Supermarktware schmeckt alles natürlich besser – die Fülle der Möglichkeiten ist unschlagbar: Kräuterbeet, Tomatenhaus und Obstschule. Vieles kann man selbst ernten, natürlich je nach Jahreszeit. Mit von der Partie sind Erd-, Him-, Johannis-, Stachel- und Blaubeeren, natürlich Kirschen, Birnen und Äpfel, und es lockt ein Blumen-, Rosen- und Staudengarten.

Für den Herbst gibt's einen Kürbiswettbewerb – die dicken Ottos dafür kann man zu Hause oder hier auf einer kleinen Zelle selbst ziehen, das Know-how inklusive Stroh und Pferdemist bekommt man dazu. Getrocknete Kalebassen, also Flaschenkürbisse, zum Bemalen oder als Musikinstrument, gibt's im Hofladen. Schulklassen und Kindergärten kommen zum Lernen und Toben. Viele Familien feiern hier die Kindergeburtstage. Obstgehölze schneiden oder Marmelade kochen wird als Kurs angeboten. Kurz: Die Betreiber bieten – vom vielfältigen Angebot von Naturprodukten bis zu Entertainment – ein unvergleichliches Ausflugsziel. Klar, das ist mit einer Menge Remmidemmi rund durchs Jahr verbunden: Spargel- wie Erdbeerfest, Johannisfeuer, dazu noch Reiterspiele, Sommerblumen-, Kürbis-, Erntedankfest, Halloween und Laternenlaufen – vielerlei Traditionen werden zum Event. »Wir hatten nicht ein Kind mit Langeweile!«, so bringt das Team des Kindergartens Pusteblume es im Gästebuch auf den Punkt.

Adresse Blekendorfer Berg 1a, 24327 Blekendorf | Anfahrt von der A 1 vor Oldenburg auf die B 202, direkt an der Landstraße 5 Kilometer vor Lütjenburg | Öffnungszeiten ab 8 Uhr, Ende nach Jahreszeit | Tipp Nebenan in Blekendorf, auf der Stutenmilch-Farm Becker mit blonden Haflingern, kann man beim Melken zuschauen. Und Lotion und Salbe, natürlich die Milch – oder gleich ganze Pferde kaufen.

26 Der Eselpark

Reiten, fahren, staunen – und erinnern

Seit 40 Jahren werden in dieser Asinerie, dem mit über 100 Stuten und acht Deckhengsten größten Eselpark Deutschlands, Zwerg- und Hausesel gezüchtet. Die Zucht konzentriert sich vor allem auf – deutsche, katalanische, andalusische, bulgarische – Riesenesel. Ihre Ausgeglichenheit macht sie zu Freunden der Kinder, hier kann man sie reiten und vor den Wagen spannen – oder einfach nur bewundern. Von der Heiligen Familie in der Bibel über die Bremer Stadtmusikanten bis Tischlein deck dich, von Drahtesel und Eselsohr bis zur Eselsbrücke denkt man an Geschichten und lustige Begriffe – und wundert sich, warum dieses so intelligente Tier als Schimpfwort für Dumme herhalten muss. Weil der Esel nicht blind auf Kommandos hört? Nun ja, im Gleichnis von Buridans Esel verhungert er, weil er sich nicht zwischen zwei Heuhaufen entscheiden kann.

Dabei sind Demut, Duldsamkeit und Langmut christliche Begriffe, und Hinnerk August weist darauf hin, wie sich der Aalstrich längs über den Rücken der Tiere mit der Schulterlinie schneidet: jesuanisches Kreuz genannt. Gemeinsam mit seinem Bruder Friedrich leitet er den Eselpark, den ihre Eltern gegründet haben und in dem eine ganze Reihe weiterer Familienmitglieder mitarbeitet. Er ist ausgebildeter Trainer und hat Pferdekunde studiert; er ist von früh bis spät bei den Tieren und bietet Lehrgänge über Eselwissen an – so was gibt's sonst nirgends.

Pferde laufen weg, wenn Gefahr droht – Esel bleiben stehen, bis sie vorüber ist. Ist das nicht klug statt stur? Und sie sind schwindelfrei, auch die Ausdauer des Langohrs auf unwegsamen Gebirgspfaden schlägt den ewigen Konkurrenten Pferd. Ihre sexuelle Potenz ist legendär, und schon Kleopatra badete für ihre Schönheit in Eselsmilch, die auch als Heilmittel verwendet wird. Das Nessendorf-Motto lautet: »Lieber einen Esel reiten, der mich trägt, als ein Pferd, das mich abwirft.«

Adresse Wiesengrund 3, 24327 Blekendorf-Nessendorf | **Anfahrt** von Lütjenburg Richtung Oldenburg auf der B 202, in Kaköhl abbiegen; gut ausgeschildert | **Öffnungszeiten** täglich 15. März – 31. Okt. 10 – 18 Uhr | **Tipp** Das wohl älteste Herrenhaus Schleswig-Holsteins gehört zu dem beeindruckenden Gut Kletkamp in der Nähe: ein beeindruckender Fachwerk-Renaissancebau, der mehrfach erweitert wurde.

27 Die Wilde Kost

Leckeres Unkraut im Freilandlabor, dem Buch der Natur

Drei Jahre hat Anja Christiansen gesucht, bis sie diesen Hof bei Blunk kaufte – denn hier gibt es auf ein paar Hektar alles, Wald und Wiese, einen Bachlauf und mageren Boden, kurz: die Vielfalt der Natur – die für eine unglaubliche Vielfalt an Pflanzen sorgt. Und wenn man der Gärtnerin auf einer Führung folgt, schwirrt der Kopf von der Fülle an leckeren Wildkräutern und anregenden Ideen. Sie hat Biologie studiert und eine Gartenlehre gemacht, und begeistert zieht sie alle Register, um ihren Gästen die Freude an der Natur und den Möglichkeiten für eine schmackhafte und gesunde Küche zu vermitteln.

Scharbockskraut und Wiesenbärenklau, Nachtkerze, Nelkenwurz und Gundelrebe, natürlich Kerbel und Sauerampfer gehören zur Ausbeute. Wie wär's mit einem Pesto aus Giersch oder mit Löwenzahnwurzeln, mit Öl und Salz auf einem Backblech bei 180 Grad zubereitet? Schon mal was von Beinwell gehört? Das gibt eine gute Salbe, wie der Name es sagt; im Frühjahr werden die Blätter, im Herbst die Wurzeln geerntet. Das Auge isst mit: Essbare Blüten schmücken viele Gerichte – wie Kornblume und Nachtkerze, Borretsch, Ringelblume und Cosmea. Im Herbst sind Wildbeeren lecker; die Apfelbeere mit ihrer lila Dolde ist besonders vitaminreich, ebenso Vogelbeere, Kornelkirsche und Felsenbirne. Am Bach gibt's Brunnenkresse, Mädesüß und bitteres Schaumkraut, das gerne nasse Füße hat.

Gesät hat die Pflanzenfrau Haferwurz und Pastinake, sie baut weiße und lila Möhren an, auch alte Kartoffelsorten – die schmecken grandios! Sie pflanzt Vogelmiere zwischen den Kohlrabi und grinst vor Vergnügen, dass das verrufene »Unkraut« teurer ist als das Gemüse.

Ihr kleiner Hofladen ist beliebt, sie versorgt Restaurants und macht mit Leidenschaft Führungen, auch mit Kindern, weil sie die Initialzündung vermitteln will, »die Landschaft zu lesen«. Diese Lektüre ist spannender als ein Krimi.

Adresse Imberg 3, 23813 Blunk | Anfahrt von Bad Segeberg die Ziegelstraße, die B 432, nach Norden, in Klein Rönnau links durch Blunk, nach etwa 800 Metern Richtung Tensfeld links Schild zur Wilden Kost | Öffnungszeiten Hofladen: Di, Fr 10 – 18 Uhr, Sa 10 – 14 Uhr, sonst nach Vereinbarung, Tel. 04557/981718, Mail info@wilde-kost.de | Tipp Das renaturierte Tarbeker Moor nebenan ist für den Arten- und Biotopschutz im Netzwerk Natura 2000 bedeutend – und Wanderkorridor für Fischotter zwischen Schwentine und Trave.

28 Der Ziegenhof Rehder

Mit Handarbeit und Kräutern zum Superkäse

»Die wollten Käse von natürlich ernährten Tieren – aber dann sollte er nicht so nach Ziege schmecken«, macht sich Eduard Rehder über seine ersten Kunden lustig, die auf dem alternativen Trip den Weg hierher fanden. Ende der 70er Jahre begann er mit der Zucht, und schon wenige Jahre später, als die Herde groß genug war, begann er die eigene Käseproduktion. Jetzt wurde grade alles neu eingerichtet, denn bei einem Generationswechsel erlischt der Bestandsschutz bei den Behörden – er übergab den Hof an seinen Sohn Janne Olaf und dessen Frau Nulja.

Etwa 150 Ziegen leben hier, überwiegend die weiße deutsche Edelziege, außerdem einige bunte und ein paar Toggenburger. Das bringt 1.000 bis 2.000 Liter Milch in der Woche. Die Rehders sind stolz, dass ihre Spezialitäten schon mehrfach vom »Feinschmecker« ausgezeichnet wurden. Wie der Käse gemacht wird? Nach dem Pasteurisieren bei knapp 65 Grad wird die Mich gekühlt, es werden Milchsäurekulturen hinzugefügt und dann das Lab – ein Enzym aus dem Magen von Kälbern, um die Milch gerinnen zu lassen. Es gibt auch pflanzliches Lab, aus Pilzen gewonnen. Nach 45 Minuten wird geschnitten, der Käsebruch mehrfach gerührt, alles in Formen gefüllt und mehrmals gedreht, damit die Molke gleichmäßig austritt. Am nächsten Morgen wird alles von Hand mit Salz eingerieben.

Es gibt drei Varianten vom Frischkäse – mit Meersalz, mit Kräutern und etwas Knoblauch sowie nach Liptauer Art mit edelsüßem Paprika und Kapern. Große Camembert-Rollen gibt's mit einer Kräuterschicht oder mit Chili in der Mitte. Und handfester Schnittkäse wird im Vakuum geviertelt – oder nach drei Wochen, täglich mit Elsässer Weißwein bestrichen, zu Weinkäse. Endverbraucher, Restaurants und Bauernmärkte sind die Kunden für Zicklein und Käse. Man kann den frechen Tieren stundenlang auf der Wiese zuschauen, denn: »Die denken 24 Stunden am Tag nach, wie sie den Menschen ärgern können.«

Adresse Kastanienallee 19, 24220 Boksee | **Anfahrt** von Kiel die B 404 Richtung Bad Segeberg, nach wenigen Kilometern die Dorfstraße rechts nach Boksee, am Dorfbeginn rechts | **Öffnungszeiten** nur nach Absprache, info@ziegenhof-rehder.de, Tel. 04302/1822 | **Tipp** Gegenüber von der B 404 ist der Kieler Golf Club mit 18 Löchern für jedermann, frei von Range-Fee-Gebühren. Und ein Stückchen Richtung Kiel kann man im Carstyling beim Lack- und Folienspezialisten sein Auto schneidig aufhübschen lassen.

29 Der SAM Sportpark

Kämpfen und kicken und alles für die Gesundheit

Diese Sporthalle ist die größte in der ganzen Region und absolut spektakulär. Die Betreiber behaupten wohl zu Recht, dass das Beachcenter mit seinem beheizten Quarzsand zu den modernsten Deutschlands gehört. Vor allem Beachvolleyball macht auf mehreren Courts Riesenspaß, aber auch Footvolleyball – das aus Brasilien stammt und durch Weltfußballer wie Romero, Ronaldinho und Ronaldo populär wurde –, Beachtennis und Tambeach, bei dem der Ball mit einer Handtrommel geschlagen wird. Badminton ist der schnellste Ballsport (der Federball kann über 400 km/h erreichen) und wird mit Beachminton auf drei Plätzen gespielt. Zwölf Bahnen hat die mächtige Bowlinganlage, in der das modernste Computersystem die Schreiberei und das Auswerten übernimmt.

In dem riesigen Gebäude hat sich der Physiotherapeut Peter Becker mit seinem »Viramax« eingemietet, einem vielfältigen Fitnessstudio, in dem es Kurse von Spezialisten gibt wie Ernährungstrainer und Ökotrophologe. BWL und Sport studiert hat der Fitness-Ökonom Kostja, dem es wichtig ist, die jeweils ganz persönlichen Wünsche und Erfordernisse herauszufinden. Er begrüßt die Gäste per Handschlag und berichtet, dass die meisten wegen Rückenproblemen oder zum Abnehmen kommen. Das Programm ist umfangreich: vom Kult-Tanz Zumba und Step-Aerobic über Pilates und Yoga bis zu Spinning und Hip-Hop. Irgendwelche Probleme? Bauch, Beine und Po, Atmung, Rücken und Rumpf, Herz-Kreislauf oder nur zu viel Fett – alles wird behandelt. Fango und Massage ergänzen Gymnastik und Training ebenso wie Saunalandschaft und Solarium.

Die wachsenden Sport- und Wellness-Industrien sind ja international eine Reaktion auf die zunehmend im Sitzen stattfindende Berufswelt, und die Kunden hier teilen wohl kaum die Ansicht von Nietzsche: »Gesundheit ist dasjenige Maß an Krankheit, das es mir noch erlaubt, meinen wesentlichen Beschäftigungen nachzugehen.«

Adresse Moorweg 70, 24582 Bordesholm | **Anfahrt** von der A 7 beziehungsweise der B 215 nördlich an Bordesholm vorbei über die L 49 nach Osten, dann ausgeschildert | **Öffnungszeiten** Mo, Di, Mi 16–23 Uhr, Do 14–23 Uhr, Winter Fr 14–1 Uhr, Sa 11–1 Uhr, So 11–23 Uhr, Sommer Fr 14–23 Uhr, Sa 14–24 Uhr, So 11–21 Uhr | **Tipp** Zumba und Step, Workout, Yoga und so gibt's auch in der unweit zauberhaft abseits gelegenen Sportscheune »fit & fröhlich« an der Perdoeler Mühle in Belau.

30 Die Staudengärtnerei

Schauen, staunen, mutig sein – und nachmachen

»Na klar, das geht nur mit Leidenschaft, was meinen Sie denn? Es ist hier soo schön«, meint auf die entsprechende Frage Svenja Schwedtke. Zusammen mit Rainer Kumetat hat sie hier ihren Traum von einer Gärtnerei nach britischem und holländischem Vorbild verwirklicht, die mehr bietet als Margeriten und Rittersporn. Ihre Staudengärtnerei ist die größte in der gesamten Region mit etwa 2.500 Staudenarten, je nach Saison, und einer Fülle anderer Pflanzen. Thementage, Führungen und Seminare ergänzen das auf zweieinhalb Hektar ständig wachsende Unternehmen, dessen Stolz diverse so phantasievolle wie einmalige Schaugärten sind.

Im Großen Staudengarten erfährt man alles über die Verwendung der Pflanzen. Um den zentralen Teich sind sie auf verschiedenen Rabatten nach ihren Standortansprüchen zusammengestellt; strukturiert wird alles durch verschiedene Gehölze und hohe Gräser. Da gibt es wilde Arten ebenso wie alte Förstersorten und Neuheiten aus England und Holland.

Vier kleine Themengärten sollen zum Nachmachen anregen: der Grüne, der Geheimnisvolle, der Schnittblumen- und der Heiße Garten. Auffallend sind der Long Walk, die Blau-Gelbe Rabatte und, in einem Waldgarten, ein großer Weidenpavillon. Ein Gemüsegarten geht in einen Birkenkreisgarten über, und ein Regenbogengarten ist in Planung. Heil- und Gewürzkräuter, eine Vielzahl von Zwiebelblumen, im Juni bis Juli Alte und Englische Rosen, außerdem Obst- und Ziergehölze … kurz: Eine unüberschaubare Fülle von Anregungen für zu Hause droht die Augen zu überfordern. Und dies in jeder Jahreszeit, wie der Felsenbirnenwald im Frühjahr, das Taglilienbeet im Frühsommer, die Zierlauchblüte im Sommer und das Chinaschilfbeet im Herbst. Besonders bestaunt wird das exotische, inzwischen 3,50 Meter hohe Mammutblatt am Teich. Kastanien- und Weidenflechtzäune und allerlei Accessoires ergänzen das umfangreiche Angebot.

Adresse Plöner Straße 10, 24619 Bornhöved | **Anfahrt** von der B 404 aus Kiel Richtung Bad Segeberg, Abfahrt Bornhöved, Richtung Plön an der Straße | **Öffnungszeiten** Fr, Sa 10–18 Uhr, Mai–Okt. zusätzlich jeden 1. So im Monat 12–17 Uhr, Nov.–Feb. auf Anfrage | **Tipp** Unweit, bei Negernbötel (was nicht unkorrekt ist, sondern von »näher« stammt), gibt es steinzeitliche Funde wie Langbetten am Bach Faule Trave, der hier entspringt.

31 Die Perle am See

Kirche, Küche, Kate, Kräuter, Karamell

Von allen Nestern in der Region – Bosau ist *das* Dorf, denn hier gibt es alles: eine bezaubernde uralte Kirche, die unmittelbare Lage am Großen Plöner See, den grandiosen Fernblick aufs Plöner Schloss, die beste Küche weit und breit im Restaurant von Strauers Hotel am See mit ebendieser Aussicht, Scones und zahllose Teesorten im Café Achter de Mur, eine aktive Dorfgemeinschaft rund um die liebenswürdige Dunkersche Kate und ein Backhaus zum Selbst-Brotbacken. Und unweit liegen vier Plätze – sozial ausgeglichen: zwei für Camping und zwei fürs Golfspielen. In der Traumgegend am größten See Schleswig-Holsteins, einem Seglerparadies und Ruderzentrum, bieten viele Vermieter natürlich allerlei Boote an. Hier ist der Anleger für die Seen-Rundfahrt und für die Fähre »Antje«, mit der man wie mit dem Bus nach Plön schippern kann. Und es gibt sogar einen kleinen Sandstrand, der, erstaunlich, ebenso wie der Parkplatz gebührenfrei ist – das Dorf ist Luftkurort und nennt sich zu Recht »Perle am See«.

Sie ist wohl die älteste weit und breit, aus buckligen Felssteinwänden gebaut: die Vicelin-Kirche St. Petri, über die Helmold von Bosau in seiner »Slawenchronik« berichtet. Vicelin, der legendäre Bischof von Oldenburg, weihte die Kirche 1152, als er von einem Hoftag bei Kaiser Barbarossa zurückkam. Der wuchtige Taufstein aus Granit war im Freien schon vor dem Bau der Kirche im Gebrauch, und allein der hinreißende dreiflügelige Holzaltar von 1360 ist eine Reise wert. Hier werden – vor allem mit der Orgel – berühmte Sommerkonzerte veranstaltet.

Das ist auch das Essen bei Strauer: gehobene Küche mit viel Phantasie und Gerichte, die es so sonst nirgends gibt. Die Dunkersche Kate aus dem 17. Jahrhundert ist nebenbei auch Standesamt, und die Gartengruppe pflegt ehrenamtlich den farbenfrohen Bauerngarten der Kate mit Obst und Beeren, Gemüse, vielerlei Blumen und nicht zuletzt großer Kräuter- und Gewürz-Ecke.

Adresse 23715 Bosau | **Anfahrt** von Plön Richtung Lübeck auf der B 76, bei Bösdorf nach rechts ausgeschildert | **Tipp** In der Dunkerschen Kate gibt's das ganze Jahr über wechselnde Kunstausstellungen. Und danach vielleicht bei Strauer Pfifferlingsravioli und Schwarzwurzelchips zum Reh. Und zum grünen Spargel Misokaramell mit rotem Sumak und Yuzu. Wie bitte? Was das ist? Köstlich.

32 Die Heuherberge

Abenteuer Natur für Selbstversorger

Von den paar Heuherbergen zwischen Lübeck und Kiel hat die Familie Biss die meisten Punkte erobert – fünf grüne für die Unterbringung, fünf blaue für Service und Drumherum.

Einst gehörten diese Ländereien dem dänischen König, der zeitweise seinen Sitz im Plöner Schloss hatte; sie versorgten seine Leute mit Vieh und Korn. 1820 verkaufte er das Gut – Georg Biss erwarb es um die letzte Jahrhundertwende als Geflügelhof, weil seine Oma hier geboren wurde; er lebt hier mit seiner Frau Telse und vier Kindern, ist gelernter Landwirt und Kaufmann. Zu Weihnachten gibt's 150 Gänse und Enten aus artgerechter Bodenhaltung, und die 900 Hühner für die Selbstvermarktung leben auf dem Freiland. 2006 wurde die Heuherberge eingerichtet: Etwa 30 Leute können in vier Schlafbuchten, von »Kälberstall« bis »Hühnerhagen«, übernachten. Diese Namen finden sich wieder an den Fächern des Kühlschranks, damit die Gäste ihr mitgebrachtes »Futter« nicht durcheinanderbringen. Das kann man auch im Hofladen aus eigener Schlachtung kaufen, ebenso Wild, Gemüse, Eingekochtes, sogar frisch geräucherte Forellen. Oder man futtert im großen Hofcafé mit 160 Plätzen drinnen und draußen. Monika Dobringt, die hier sauber macht, findet das Ganze »toll für die Kinder«, und richtig, alles wirkt wunderbar chaotisch und unkompliziert. Streicheltiere – wie zwei Hängebauchschweine, drei Hunde und Ziegen – laufen rum.

Allerlei Gruppen, Schulklassen, Fahrradwanderer und Familien sorgen für etwa 1.000 Übernachtungen pro Jahr. »Die Selbstversorgung, gemeinsames Kochen und das Essen von allen um einen großen Tisch kennen die Kinder ja heute nicht mehr«, meint Unternehmer Biss, der gerade dabei ist, zusätzlich feuchtes Grünland in ein Feuchtbiotop zu verwandeln, »damit Natur als Erlebnis erfahren werden kann«. In der Partyscheune kann man – samt Gästeküche und Geschirr – nach Herzenslaune auch größere Feste feiern.

Adresse Friedrichshof 1, 24306 Bösdorf | Anfahrt auf der B 76 von Lübeck nach Kiel, hinter Dodau links ausgeschildert | Öffnungszeiten Café: jedes Wochenende und an Feiertagen ab 14 Uhr oder nach Absprache, info@hofladen-gutfriedrichshof.de, Tel. 04521/72749 | Tipp Unweit steht ein wohl 500 Jahre alter Baum, der lange weltweit der erste mit eigener Adresse war. An sein Astloch kann man geheime Botschaften schicken, für Liebende und Verbrecher: Bräutigamseiche, Dodauer Forst, 23701 Eutin / Germany.

33 Der ErlebnisWald

Achtung, Adler – nimm schnell deinen Kopf weg!

Instinktiv zieht man den Kopf ein, wenn so ein Kauz, Adler oder Habicht direkt über die Köpfe der Zuschauer düst. Die Vorführungen mit Greifvögeln in der Falknerei Damm sind beeindruckend. Der Falke erreicht im Sturzflug bis über 300 Stundenkilometer – da stirbt manche Beute bereits den Schocktod, wenn sie ihn kommen sieht! Der Weißkopf-Seeadler sieht so schick aus, dass man versteht, warum er der Wappenvogel der Amerikaner ist. Und die Schleiereule ist so archaisch-ungewöhnlich wie Iwan, der Uhu. Sie können ihre Köpfe um 270 Grad drehen, aber dafür schauen die Augen unbeweglich geradeaus.

Der ErlebnisWald ist ansonsten vor allem Remmidemmi für Familien. Die Kinder bekommen viel geboten und toben rum, die Eltern können mal entspannen. Es gibt mietbare Hütten und Grillplätze in Hülle und Serviceangebote in Fülle, falls jemand sich zu langweilen droht. Viele große und kleine Wildschweine, Rot- und Damwild leben in dem großen Areal, Ziegen zum Streicheln und das Husky-Team bieten Unterhaltung – nun ja, jedem das Seine. Der Kinderspielplatz ist riesig. Auf dem dürfen Hunde nicht mitmachen – für die gibt's ein extra Hundegelände, wo sie sich austoben können. Auch von Natur, Öko und Waldpädagogik ist viel die Rede, das ist gefragt heutzutage.

Jedoch schon allein für die Vorführung der Greifvögel lohnt ein Besuch, bei dem Kinder mit einbezogen werden. Wie kommt's, dass es meist Mädchen sind, die sich trauen, mitzumachen? Der Falkner Dietmar Damm macht seinen Beruf offensichtlich gerne, und er berichtet, dass viele der Vögel hier, im Greifvogelzentrum Schleswig-Holstein, von Hand aufgezogen werden. Und dass es in Schleswig-Holstein wieder 65 Brutpaare der Seeadler gibt, der größten Greifvögel Europas. Sie sind Segelflieger, ebenso wie die Mäusebussarde, die gerne auf Masten am Straßenrand warten – auf Zivilisationsgulasch.

Adresse Tannenhof, 24635 Daldorf | Anfahrt von Bornhöved etwa 7 Kilometer auf der B 21 Richtung Bad Segeberg, gut ausgeschildert | Öffnungszeiten März–Okt. täglich 9–18 Uhr, Nov.–Feb. Mo–Fr 9–17 Uhr, Sa, So 11–17 Uhr | Tipp Unweit liegt das Naturschutzgebiet Barker Heide mit ungewöhnlicher Dünen-, Heide- und Moorlandschaft, in der man mit etwas Glück der hierzulande seltenen Heidelerche zuhören kann; sie singt lieber im Flug als am Boden.

34 Die Hof Berg Käserei

Die Ökopioniere im Dorf der Unken

Als Albert und Birgitta Teschemacher Ende der 70er hier den ersten Biolandbetrieb in Schleswig-Holstein gründeten, waren sie Pioniere für nachhaltige Kreislaufwirtschaft. Dannau ist eins der frühesten Ökodörfer; auf den Märkten ringsum sind auch eine Gemüsegärtnerei und ein Bio-Gemüsehändler aus dem Dorf vertreten.

Als sich die Nachfolgefrage stellte, gewannen die Gründer den Agraringenieur René Kohler aus der Schweiz, der hier früher sein Praktikumsjahr absolviert hatte, für ihren Hof. Dann stieg auch Falk mit ein, Sohn der Teschemachers und Meister im Biolandbau. Sie legen Wert drauf, dass die Arbeit nicht wie früher rund um die Uhr läuft: Stattdessen beschränken sie sich auf 20 eigene Käsesorten von 50 Kühen, dem »schleswig-holsteinischen Rind«, dazu Fleisch von Rindern und Ochsen, von den Pflanzen auf 85 Hektar natürlich ernährt. Auf den Märkten der Gegend verkaufen sie im Käsehänger auch Angebote von Kollegen der holsteinischen Käsestraße. Der ganze Hof ist so organisiert, dass Freizeit für die fünf Kinder der beiden Familien bleibt und die Frauen nicht in klassischen Rollen mitarbeiten, sondern eigenen Interessen nachgehen. Kohler meint: »Wie will ich guten Käse für mehr Lebensqualität verkaufen, wenn ich selbst von morgens sechs bis abends neun keine habe? Wenn man das verbissen macht, ist es doch für einen selbst nicht glaubwürdig.«

Ökologischer Käse von glücklicheren Kühen schmeckt halt besonders. Zum Beispiel wird der handgeschöpfte, seidige, mild-säuerliche Quark nicht wie sonst in etwa zwei bis drei Stunden hergestellt: 18 Stunden reift die Betriebskultur, damit wird die Milch gesäuert. Nach zwölf Stunden Säuerungs- und Gerinnungszeit wird der Quark handverschöpft und tropft weitere zwölf Stunden ab. All dies sind Aromabildungszeiten für Geschmack und Verdaulichkeit.

Und die Mitarbeiter waren mächtig stolz, als ihr Pikanto auf dem Münchner Viktualienmarkt von 120 Käsereien als beliebtester den Publikumspreis gewann.

Adresse Am Dorfplatz 3, 24329 Dannau | **Anfahrt** von der B 430 Plön-Lütjenburg nach 12 Kilometern rechts | **Öffnungszeiten** Hofverkauf Fr 16 – 18 Uhr | **Tipp** Der flache Dannauer See gehört zu den wertvollsten Naturschutzgebieten, frei von privaten Interessen. Ein Dorfverein behütet das Kleinod mit einer der größten Populationen von Rotbauchunken in Schleswig-Holstein. Quoaxx!

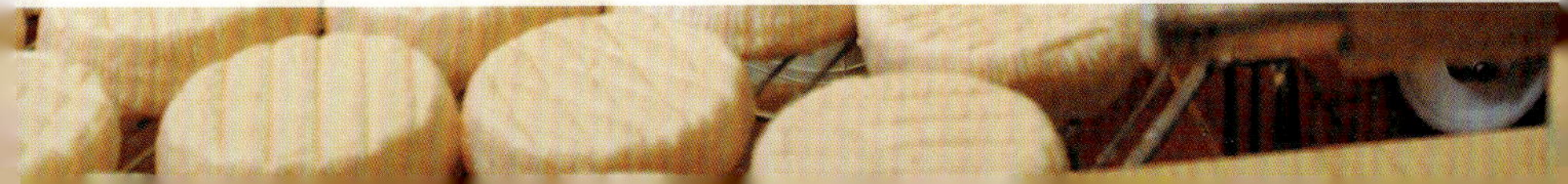

35 Das Gut Emkendorf

Goethe lästert. Und der Mond geht endlich auf.

Heinrich Schimmelmann war dänischer Finanzminister und (auch durch Sklavenhandel) immens wohlhabend, als seine Tochter Julia 17-jährig den Grafen Reventlow heiratete. Durch den Tod des Vaters wurde sie die reichste Erbin im Land, nutzte ihren Wohlstand und ließ Emkendorf großartig im klassizistischen Stil umbauen, Wirtschaftshof und Gutsgarten anlegen. Sie wurde der Mittelpunkt des Emkendorfer Kreises, einem später hochtrabend (wie Eutin) »Weimar des Nordens« genannten Salon, in dem Klopstock, Lavater, Voß, auch Philosophen und Emigranten wie Lafayette verkehrten. Für Matthias Claudius wurde ein eigenes Haus gebaut, ähnlich dem Herrenhaus, nur viel kleiner. Man nannte es »Klein Emkendorf« – hier soll er »Der Mond ist aufgegangen« geschrieben haben. Goethe jedoch lehnte Julias glühende Einladung und ihre pietistisch-konservative Haltung ab und lästerte über den »christlich-moralisch-ästhetischen Jammer … in der ohnmächtigsten Aufgeblasenheit« in diesem »Sumpf- und Wassernest zu weit hinten im Norden«.

Eine vier Kilometer lange Allee, schon seit 1927 Naturdenkmal mit 500 alten Bäumen – Linden, Kastanien und Ahorn –, führt zum Gut, dem wohl größten von ganz Schleswig-Holstein; das Herrenhaus gehört zu den mächtigsten im Lande. Früher war die Eider vom See bis zur Mündung in die Nordsee schiffbar – was zum Aufstieg der mächtigen Herren vom Westensee beitrug, bis der Wasserspiegel durch den Nord-Ostsee-Kanal abgesenkt wurde.

Im Gartensaal, dem fast 500 Quadratmeter großen Kuhhaus und der fast 1.000 Quadratmeter großen Scheune aus dem 18. Jahrhundert finden zahlreiche Events statt, von Hochzeiten über das Schleswig-Holstein Musik Festival bis zum großen Herbstmarkt. Man kann Führungen mitmachen, auch Kutschfahrten – oder gleich ganze Gebäude für Veranstaltungen mieten. Der großzügige Park mit seinen Wasserspeiern in Delphin- und Drachenform und die Natur ringsum sind alleine eine Reise wert.

Adresse Gutshof, 24802 Emkendorf | Anfahrt von der A 7 Abfahrt Warder Richtung Westensee, dann ausgeschildert | Öffnungszeiten zu Veranstaltungen, Seminaren und nach Vereinbarung, Tel. 04330/994690 | Tipp Der Naturparkweg verbindet mehrere schleswig-holsteinische Parks und Naturschutzgebiete – wie Aukrug und Hüttener Berge, Ahrensee und Wennebeker Moor –, ein Paradies für Wanderer, Radfahrer und Reiter.

36 Die Landesbibliothek

Vom Reisen in die Fremde und von Schweinehunden

Das Gebäude-Ensemble ist beeindruckend: die Landesbibliothek im Kavalierhaus, im Marstall das Ostholstein-Museum und die Kreisbibliothek in der Kutschenremise. Hier gibt es eine der umfangreichsten Sammlungen zur historischen Reiseliteratur überhaupt: Geographica und Reiseberichte weltweit. Hier wird Entdeckungs- und Verkehrs-, Kolonial- und Postgeschichte archiviert, Pilgerreisen und Augenzeugenberichte, auch Reiseprospekte aus den 20er und 30er Jahren. Die Sammlung bekommt Anfragen aus aller Welt, weil die Titel sogar mit Ortsregistern erschlossen sind.

»Hingehen, gucken, kost' nix«, meint Frank Baudach stolz; er leitet hier eine der letzten gebührenfreien Bibliotheken, »und das soll auch so bleiben«. Der Grundstock entstand zur Blütezeit des Eutiner Hofs im 18. Jahrhundert und umfasste bereits 1837, als die Sammlung öffentlich zugänglich wurde, 16.000 Bände. Baudach: »Schon damals wurde darüber geklagt, dass jeder seine Reisen aufschrieb.«

Heute gibt es in dieser Universalbibliothek an die 70.000 Bücher zu allen Wissensbereichen, auch Theologie und Naturwissenschaften, mit Schwerpunkt auf der Zeit der Aufklärung. Neben der Regionalgeschichte Ostholsteins gibt es dank der historischen Eutiner Verbindung zum Zarenhof auch einen Russland-Schwerpunkt, der von Susanne Luber, Leiterin der Forschungsstelle zur Reisekultur, weiter ausgebaut wird. Und umfassend vertreten ist die Literatur über das »Weimar des Nordens«, wie Goethe Eutin unpassend titulierte. Denn dies war kein fürstlicher Musenhof – »Der Hof war und ist ja eher anti-intellektuell«, merkt Susanne Luber vergnügt an –, sondern Angelegenheit des aufgeklärten Bürgertums.

Aufpassen müssen die Mitarbeiter auf Büchermarder – Baudach: »Verdammte Schweinehunde« –, die Bilder aus den Büchern schneiden. Dazu passend zitiert Luber Eugen Roth: »… weil sogar ein Kardinal die schönsten Bücher einfach stahl.«

Adresse Schlossplatz 4, 23701 Eutin | Anfahrt mitten in der Stadt, nicht zu verfehlen | Öffnungszeiten Di, Fr 9.30–18 Uhr, Mi, Sa 9.30–13 Uhr, Do 9.30–19 Uhr | Tipp Das Eutiner Schloss ist natürlich eine Reise wert – nicht zuletzt der denkmalgeschützte englische Landschaftsgarten. Er steht im Mittelpunkt der Landesgartenschau 2016, für die Eutin rundherum herausgeputzt wird.

37_Der Obsthof Münster

Eau de vie und »an apple a day«

Eine Flasche frisch gepresster naturreiner Apfelsaft kostet 60 Cent – wenn man die Äppel selbst mitbringt. Diese Lohnmosterei ist aber nur ein Nebengleis dieses Obsthofs, der buchstäblich alles pflanzt und produziert, was man sich so denken kann: Äpfel, Birnen, Süß- und Sauerkirschen, Zwetschgen, Erd- und Himbeeren. Die wichtigste Sorte ist Holsteiner Cox – den übrigens 1920 ein Lehrer aus Eutin in seinem Garten »erfunden« hat. Und auch alles, was man aus Obst herstellen kann, gibt's in Münsters Hofladen: vielerlei Säfte, auch aus Fliederbeeren und Rhabarber, Nektar und Liköre, Gelees und Brotaufstriche. Apfelbrot stellt ein Bäcker her, eine Imkerei gehört dazu, und aus einem Kilo Äpfel werden 100 Gramm knackige Apfelchips in einer Tüte – und davon jede Menge. Natürlich gibt's allerlei Obstweine – der herbe Ebbelwoi ist nicht so bitter wie in Frankfurt »des Stöffsche«. Außerdem ist Münster seit 2002 weit und breit der einzige größere Obstbrandhersteller, natürlich auch mit einem Stand auf dem Wochenmarkt. Die köstlichen Edelbrände aus vergorener Maische werden französisch zu Recht »eau de vie«, Lebenssaft, genannt. Und für die »Rosenstadt Eutin« wird sogar ein Rosenlikör hergestellt (wobei die Blätter ehrlicherweise nicht aus Eutin stammen).

Als er vor bald 40 Jahren seine Meisterprüfung als Obstbauer abgelegt hatte, übernahm Axel Münster den Betrieb von seinem Vater und baute ihn immer weiter aus. Mit seinen mächtigen, vollautomatischen Anlagen für die Mosterei bis hin zur Flaschenabfüllung und den Einrichtungen für die Brennerei und zum Lagern des Schnapses ist dieser Obsthof in der Region einmalig; und der Hofladen brummt.

Übrigens: Täglich essen die Deutschen rund ein halbes Pfund Obst, Frauen mehr, Männer weniger. Engländer behaupten: »An apple a day keeps the doctor away.« Äpfel sollen schlank machen – und hilfreich für ein erfülltes Sexualleben sein. Und nun? Reinbeißen!

Adresse Plöner Landstraße 16, 23701 Eutin | **Anfahrt** auf halbem Weg der B 76 von Eutin nach Plön, vor der Abfahrt nach Kreuzfeld | **Öffnungszeiten** Mo–Fr 9–19 Uhr, Sa–18 Uhr | **Tipp** Die kleine Destille Gottesgabe in Giekau will eigentlich keine Werbung – aber der endlich mal wirklich bittere Magenbitter ist der beste der Welt und schlägt sogar den tollen Gammel Dansk.

38 Das Whisky-Paradies

Entertainer und Botschafter – »dick im Geschäft«

Auf die Idee ist er besonders stolz: einen Whisky-Adventskalender im Holzkästchen mit 24 Sorten in kleinen Fläschchen – ein gefülltes Exemplar für magere 99 Euro, was nur möglich ist, weil die Whisky-Hersteller das gesponsert haben. Über 100 hat er davon verkauft. Und es wär ihm lieb, wenn dies nachhaltig genutzt würde, indem unsereiner immer wieder kommt, um die Fläschchen aufzufüllen. Auch sonst bietet er ständig neue, gezielt limitierte Editionen.

Er ist eine kuriose Figur, dieser Volker Mc Rätzke. Nicht nur, weil er grade bei 150 Kilo Gewicht angekommen ist – runter von 240; das Ziel, medizinisch begleitet, sind 85 Kilo –, sondern auch wegen seines wechselhaften Lebenslaufs: Ein Dutzend Jahre hatte er einen Irish Pub, in dem er zum Whisky-Botschafter wurde. Er machte eine Ausbildung zum Erzieher und entdeckte die Liebe zum Theater. Dann reiste er mit Tastings durch die Gegend, die er zum Event machte, schrieb selbst Stücke, trat zum Schluss als Ein-Mann-Show rund 150 Mal im Jahr auf. Er war mehrfach als »fett mit Fassstärke« im Fernsehen zu sehen und kokettiert selbstironisch mit »dick im Geschäft«. Neben seinem Laden geht er weiter als Whisky-Entertainer auf Märkte oder zu Musikveranstaltungen nach dem Motto: unterhalten, informieren, genießen.

Über 100 Whisky-Sorten gibt's im Laden, dazu ein breites Rum-Spektrum aus Mittelamerika, außerdem schottische und irische Biersorten. Deutsche Whiskys werden mehr. Und Volker schwärmt von Finishing, einer Methode der Whisky-Hersteller, durch Lagerung in den absonderlichsten gebrauchten Fässern – meist Sherry oder Port, aber auch Wein, Cognac bis zum Obstler – besondere Geschmacksnoten zu gewinnen. Die Amis nehmen für ihren Whiskey einheimische Weißeiche, unser Whisky-Botschafter schwärmt von schwedischer Eiche. Übrigens: Platz eins eines weltweiten Wettbewerbs gewann ein Whisky – aus Japan!

Adresse Peterstraße 24, 23701 Eutin | Anfahrt Die Peterstraße in der Fußgängerzone, auf dem Weg vom Bahnhof ins Zentrum, kennt jeder. | Öffnungszeiten Mo–Fr 10.30–18.30 Uhr, Sa 10–14 Uhr | Tipp Einen Whisky-Workshop zur Herstellung – vom Maischen, Destillieren bis zum Lagern – gibt's nördlich von Kiel, unweit von Eckernförde, in der liebenswürdigen kleinen Destillerie Altenhof (www.schnellmarker-schmiede.de).

39 Die große Paddeltour

Friedlich flussab – Schwentinental Journey

Die Seen- und Flusslandschaft im hügeligen Endmoränenpanorama der Holsteinischen Schweiz ist absolut bezaubernd – ein Muss. Der Name Schwentine aus dem Slawischen bedeutet »Heiliger Fluss« – wer will, spürt die Stimmigkeit des Namens beim friedlichen Dahingleiten durch die häufig unberührte Natur. Fissau bietet sich als Ausgangspunkt an für die Tour entlang der Schwentine, der Lebensader dieser artenreichen Gegend. Beim Familienbetrieb Keusen gibt es alle Bootsarten zur Miete, neuerdings auch Stand-Up-Boards. Man rechnet etwa 16 Stunden in drei Tagen für die 50 Kilometer bis Kiel-Neumühlen; manche nehmen sich eine ganze Woche, mit Besichtigungen der Orte am Fluss. Und einem Imbiss im Landgasthof Kasch in Timmdorf direkt an einem Wasserarm.

Die Tour geht durch mehrere Umsetzstellen, durch Malente, Plön und Preetz, durch Keller- und Dieksee, Behler, Plöner und Lanker See, die kleineren Kirch- und Rosensee (mit einem alten Wasserkraftwerk), durch Wälder, Felder, Reetflächen, Seerosenfelder und Erlenbruchwälder – und mehrere Naturschutzgebiete. Höckerschwäne und Rallen, Grau- und Kanadagänse, vielerlei Enten, Taucher und Reiher bevölkern die Seen. Am Ufer ruft der Drosselrohrsänger »karre kiet dorre«, der Eichelhäher warnt rätschend, und mit ein bisschen Glück kann man einen Eisvogel entdecken oder einen kreisenden Seeadler. Neben der Wasserwanderkarte darf also das Vogelbestimmungsbuch im Kahn nicht fehlen. Und bei Literaturliebhabern ist der poetische »Flussgesang: Schwentinental Journey«, ein liebevolles Langgedicht von Hans-Ulrich Möhring, ein Geheimtipp.

Apropos: Die Definitionen gehen ein wenig durcheinander. Auch Kajaks und Kanadier gehören zum Oberbegriff Kanu. Sogar Paddelboote. Sie alle sind jedoch kein Kahn. Kolumbus lernte das Wort von den Arawak-Indianern. Und der Einbaum heißt im Spanischen Canoa. Von den Eskimos, pardon: Inuit, stammt der Kanadier. Alles klar?

Adresse Sielbecker Landstraße 17, 23701 Eutin-Fissau | **Anfahrt** von der B 76 Lübeck–Kiel in Neudorf rechts nach Eutin, an der Ampel rechts, geradeaus, gleich links | **Öffnungszeiten** Verleih: Mo–So 9–18 Uhr | **Tipp** Natürlich gibt's bis Kiel auch andere Bootsverleiher, wie das Kanucenter in Plön, den in Preetz-Schellhorn (s. Seite 166), die Schwentinetalfahrt Kiel, und auch kleinere Vermieter gibt es unterwegs.

40__Der Ukleisee

Betrogenes Mädchen und weltfremdes Schweigen

Spiegelblank liegt der Ukleisee da, mit seiner meist beschatteten dunklen Oberfläche von nur einem Drittel Quadratkilometer; eine Seltenheit: Er ist rundherum bewaldet, die Buchen und Eichen reichen bis ans Ufer. Einer der bezauberndsten Spaziergänge überhaupt führt um den See, dauert ein Stündchen und regt die Phantasie an, denn wie von einem Wall umgeben wirkt er düster und geheimnisvoll. Wilhelm von Humboldt und Johann Heinrich Voß gehörten zu seinen Liebhabern, und Emanuel Geibel schrieb, bis heute treffend: »Von Hügeln dicht umschlossen, geheimnisvoll/ Verhüllt in Waldnacht dämmert der Uglei-See./Ein dunkles Auge, das zur Sonne/Nur um die Stunde des Mittags aufblickt./Weltfremdes Schweigen waltet hier umher, es regt/Kein Hauch des Abgrundes lauteren Spiegel auf./Nur in des Forstes Wipfeln droben/ Wandelt wie ferner Gesang ein Brausen.«

Es erzählt die Sage von einem Ritter, der in Begierde zu einer armen Bauerstochter entbrannte, ihr alles versprach – und dann eine reiche Gräfin heiratete. Das verliebte Mädchen starb vor Gram, doch am Tag seiner Hochzeit kam ihr Geist, bedrohte den Ritter, und ein mächtiges Unwetter verschlang die Kapelle am See mit allen darin und versank im Boden. An stillen Abenden soll die Glocke der Kapelle im See zu hören sein. Der jedoch ist ein Toteis-See, entstanden aus dem Abschmelzen der mehrere hundert Meter dicken Gletscher, die unter den wandernden Gesteinsmassen mächtige Eisblöcke mitführten. Sie tauten erst Jahrzehnte später und hinterließen derart wassergefüllte Senken.

Bezaubernd ist das unweit gelegene Jagdschlösschen, das der Lübecker Fürstbischof 1776 hier erbauen ließ. Heute wird es für kulturelle Veranstaltungen genutzt. Miranda Krützfeld, die hier Konzerte für Amnesty International veranstaltet, meint: »Die Atmosphäre von Schlösschen und See ist ganz einzigartig friedlich, um mal zur Besinnung zu kommen.«

Adresse Ukleisee, 23701 Eutin-Sielbeck | **Anfahrt** von der B 76 Lübeck–Kiel nach Eutin, nördlich nach Sielbeck, rechts ab beim Uklei-Fährhaus | **Tipp** Es bietet sich an, eine Kellersee-Rundfahrt zu machen und am Fährhaus – das übrigens eine etwas gehobenere Küche hat – für die lohnenswerte kleine Wanderung zu unterbrechen. Aber Vorsicht: Im tiefen dunklen Ukleisee soll eine Verwandte des Ungeheuers von Loch Ness gesehen worden sein!

41 Das Privatmuseum

Da beißt die Maus den Faden ab

Am Eingang zu diesem Resthof wird man von einer mächtigen Granitwalze begrüßt, daneben drei kleinere. Es folgt eine Maschine, in der archimedische Schrauben den Torf pressen. In der Hofmitte beeindruckt ein eiserner Göpel, an dem vier Pferde im Kreis gehen, um Energie zu erzeugen. In den Schuppen ringsum drängt sich alles Erdenkliche, von Ackergeräten und dem Trieur (einer Maschine, die Getreidesorten durch Fliehkraft sortiert) bis zu zwei über 100-jährigen Feuerwehren. Mit der größeren tritt Karl von Puttkamer, der Herr dieses so chaotischen wie liebenswürdigen Museums, öffentlich auf, »dann dürfen alle mal pumpen«. Und man spürt seine Begeisterung für seine Sammlung, wenn er den »Widder« vorführt, einen Stoßheber, der selbsttätig Wasser aus einem Bach hochpumpt.

Doch doch, es gibt so etwas wie eine Ordnung auf dem mit tausenderlei Kram vollgeräumten Dachboden, wenn man dem kundigen Führer durch die 300 Quadratmeter folgt, vorbei an Bänken und Griffeln aus der Dorfschule, Küchenzeug aller Art, Waschgeräten und Rüffelbrettern, Trögen und einer Schaukelbadewanne, Werkzeugen in Hülle und Fülle, Feuerwehrhelmen, Trockenhauben, Ladenkassen, Porzellanschaltern, Radios, Schlittschuhen – und einer umfangreichen Sammlung von Mausefallen. Über diese Mordinstrumente hält er gerne Vorträge – »das ist nix für Kinder und Tierfreunde« –, wie die Quetsche funktioniert oder die Falle, wenn die Maus den Faden durchgebissen hat. Je genauer man hinschaut, desto mehr kleine Wunderwerke und Absurditäten aus dem Alltag unserer Ahnen entdeckt man.

»Mir redet kein Vorstand dazwischen«, betont dieser Gesinnungstäter. Er und seine Frau verfolgen das Anliegen, alte Kulturtechniken wiederzubeleben: Filzen, Spinnen, mit Lehm arbeiten, an der Buttermaschine kurbeln, Sirup herstellen und Brot backen im selbst gebauten Ofen. Und mit der klappbaren Reeperbahn Seile produzieren, die man hier auch kaufen kann.

Adresse De Ohle Weg 18, 24622 Gnutz | **Anfahrt** von Neumünster die B 430 nach Westen, in Aukrug rechts, mitten im Ort | **Öffnungszeiten** gibt's nicht – beziehungsweise auf Anmeldung, Tel. 04392/922997 | **Tipp** Um die Ecke vom Museum, auf dem Geflügelhof Ahrens, gibt es massenhaft Gänse, Enten und anderes Federvieh. Lecker!

42 Das Pferdedorf

Vom Beinewerfen, Tölt und Pferdesamen

Das Wahrzeichen, eine Windmühle, sieht man von Weitem; auf dem Südhang des Mühlbergs wächst neuerdings einer der wenigen holsteinischen Weine. Grebin beherbergt 930 Einwohner, jedoch über 1.000 Pferde der unterschiedlichsten Rassen. 2014 wurde die Trakehner-Stute Zikade aus Hohenschmark zum besten jungen Reitpferd Deutschlands gekürt! Mit Hengststation, Dressurstall und Zuchtstuten ist das größte Gestüt der Gegend auch für seine Besamungsstation bekannt. Hier bestellt man (auch per Post) den ausgewählten Samen ab etwa 800 Euro; binnen Stunden wird er zugestellt.

Das Gestüt Schierensee hat sich auf die seltenen Achal-Tekkiner spezialisiert, die älteste rein gezüchtete Pferderasse der Welt. Diese Vollblüter waren die wichtigste Kriegswaffe der Nomaden in Zentralasien. Hinzu kommt eine Zucht von Sportponys.

Auf Islandpferde ist der Barghof im Ortsteil Görnitz spezialisiert. Sie sind den Winter über draußen – und besonders geschätzt für den Tölt, eine für Reiter angenehme Gangart, weil sie keine Schwebephase hat wie Trab und Galopp. Da fällt man nicht so leicht runter.

Dies gilt auch für Tennessee Walking Horses, die bei ihrem Gang, dem Walk, die Beine hochwerfen. Sie werden von der Familie Oldenburg aus den USA importiert. Und Beate Rösler hat begonnen, Reitponys zu züchten, die besonders bei Kindern beliebt sind und bei denen auch die untrainierte Mama mal aufsteigen kann (wenn sie nicht zu dick ist).

Im Reitstall Parl gibt es etwa 30 Schulpferde für den Unterricht. Es geht nicht um Drill, sondern um pädagogisches Reiten. Christiane Parl, der man die Pferdeleidenschaft im Gespräch anmerkt – »so was macht man nicht nebenbei, man muss hinter der Sache stehen« –, organisiert auch das zunehmend beliebte Wanderreiten. Bürgermeister Usinger ist stolz auf seine Pferdegemeinde. Gerne würde er eine Hufsteuer erheben – doch leider sind Pferde nicht besteuerbar.

Adresse 24329 Grebin | **Anfahrt** Das Gemeindegebiet an der B 430 von Plön nach Lütjenburg grenzt an Behler, Schluen- und Rottensee. Schmark- und Schierensee gehören zu den Gestüten. | **Tipp** Die Islandpferde wurden in den 50ern durch die Immenhof-Filme im benachbarten Malente bekannt; den wunderschön gelegenen Hof am Kellersee kann man besichtigen.

43 Der Anagama-Ofen

Japanische Kunst von absichtsloser Zeitlosigkeit

Naturgewalten und der Ofengeist bestimmen die Erscheinungsbilder der Keramik, die hier einmal im Jahr bei 1.300 Grad gebrannt wird, wobei Erde, Wasser, Luft und Feuer zusammenwirken. Alle drei Minuten wird Holz nachgefüllt – 20 Kubikmeter Kiefer in vier Tagen. Die Flugasche verschmilzt mit dem Ton zu einer natürlichen Glasur, je nach Standort im Ofen von tiefem Grün bis zu mattem Ocker. Es entstehen auch farbige Tropfen und Schlieren, und die wenigen Stücke direkt in der Glut werden blauviolett, selten gelingt ein Tiefschwarz.

Jan Kollwitz, nach einer Lehre im Schwarzwald Schüler eines Keramikmeisters in Japan und mit einem berühmten Teekeramiker befreundet, beschloss, für die hierzulande unbekannte uralte Brenntechnik einen Original-Anagama-Brennofen einzurichten. Und damit er dieser japanischen Kunst keine Schande machen würde, kam für den Bau der über 70-jährige Ofenbaumeister Watanabe nach Cismar.

Als es vor 1.000 Jahren erstmals gelang, mit über 1.200 Grad den Ton wasserdicht zu brennen, löste dies eine kulturelle Entwicklung aus, die vor 500 Jahren zur Grundlage der so komplexen Teezeremonie wurde. Noch heute bereitet Kollwitz den Steinzeugton auf wie im 16. Jahrhundert. Die strenge Schlichtheit der bedeutenden Teemeister dieser Zeit ist noch heute sein Maßstab; übrigens stammen daher auch Einflüsse auf die klaren Formen der Bauhaus-Ästhetik. Von wuchtigen Kriegerschalen, um die Samurai vor der Schlacht mit kostbarem grünen Tee munter zu machen, bis zu asymmetrischen Gefäßen und großen Bodenvasen reicht das Spektrum.

Der auch im Zen-Buddhismus ausgebildete Keramiker strebt in seiner Arbeit nach Zeitlosigkeit aller Gegenstände, gemäß dem Lehrgedicht: »Selbst zu beabsichtigen, /nicht beabsichtigen zu wollen, / ist Absicht. Gilt es doch gerade, /mein Lieber, nicht absichtlich / Absicht nicht zu beabsichtigen.«

Adresse Bäderstraße 23, 23743 Grömitz-Cismar | **Anfahrt** von der A 1 von Lübeck nach Norden, Abfahrt Lensahn nach Cismar | **Öffnungszeiten** der Werkstattgalerie: ganzjährig ohne feste Zeiten, Tel. 04366/614 | **Tipp** Der Schriftsteller Christoph Peters schrieb über Kollwitz das Buch »Japan beginnt an der Ostsee« und den wunderbaren Roman »Herr Yamashiro bevorzugt Kartoffeln«, in dem er den Anagama-Ofen in den Mittelpunkt stellt. Und das berühmte Klosterdorf Cismar nebenan steht in jedem Reiseführer.

44 Das Haus der Natur

Ein Malakozoologe und seine Millionen Tierchen

Dieses äußerlich unscheinbare Dorfmuseum beherbergt eine zoologische Sensation. 5.000 Schnecken und Muscheln, vulgo: Weichtiere, werden ausgestellt. Im Hintergrund gibt es eine der größten privaten Sammlungen der Welt, etwa acht Millionen Mollusken. Wie kommt man bloß drauf, so was zu sammeln? Es ist ansteckend, wenn Vollrath Wiese begeistert erzählt, wie der Nautilus in seiner Perlmutt-Schale Kammern ausbildet, in denen Gase sein Auf- und Absteigen im Meer steuern. Ein Kopffüßler als Vorbild fürs U-Boot! Tritonshörner, Stachelschnecken und Riesenmuscheln gehören zu dieser Welt, auch die Kauri, von Eingeborenen wie Geld und in Indien als Würfelspiel genutzt. Wiese will die unerschöpfliche Natur in seinem Museum lebendig werden lassen: »Wie kriegt die Natur das bloß hin, solche unglaublichen Muster zu machen?« Rund um das Kernthema gibt es in diesem »Haus der Natur« Versteinerungen und Steinwerkzeuge, Mineralien und Bernsteineinschlüsse, Krebse und Korallen und präparierte Vögel, wodurch die natürlichen Zusammenhänge verdeutlicht werden. Und dies ist das Zentrum der Malakozoologischen Gesellschaft mit dem unermüdlichen Wiese als Vorsitzendem, der für sein Engagement mit dem Bundesverdienstkreuz ausgezeichnet wurde. Er gibt eine wissenschaftliche Zeitschrift heraus, kartiert die Mollusken Schleswig-Holsteins und hält Kontakt zu Forschern weltweit. Und dann nimmt er sich alle Zeit der Welt, um dem ahnungslosen Besucher ein wenig Grundwissen zu vermitteln – wie schafft der Mann das alles?

Angemerkt sei: Es gibt zahlreiche erotische Konnotationen zu den Weichtieren. Das stundenlange Liebesspiel der Weinbergschnecken ist legendär, ihr Genuss soll aphrodisierend wirken. Und das Geheimnis der Muschel – dem Symbol für das Weibliche – ist die Perle. Bei den Griechen wurde die Liebesgöttin Aphrodite aus einer Muschel im Schaum geboren, bei den Römern die Venus, wie auf dem berühmten Bild von Botticelli.

Adresse Bäderstraße 26, 23743 Grömitz-Cismar | **Anfahrt** von Lübeck die B 1, hinter Neustadt auf die B 501 bis zum Museum | **Öffnungszeiten** täglich 10–19 Uhr | **Tipp** Um die Ecke pflegt Hannelore Fischer – mit der Feder, auch mit Gold – die Gestaltung kunstvoller Schriften. Und auch sonst ist Cismar als Künstlerdorf bekannt.

45 Der Wildpark Eekholt

Lässige Wölfe, putzige Otter und freie Störche

Zweifellos der schönste und am besten gepflegte Wildpark weit und breit, vermittelt diese großzügige Anlage auf fast 70 Hektar mit über 700 Tieren in 100 Arten den Eindruck, dass sich hier nicht nur die zahlenden Besucher, sondern auch die Tiere wohlfühlen sollen. Hier geht es nicht um aufgemotzte Sensationen, sondern buchstäblich alles, bis hin zu leicht zu übersehenden Kleinigkeiten, ist liebevoll und didaktisch klug gestaltet. Ein natürliches Flüsschen führt durchs Gelände mit Wald und Wiesen. Allein den Wölfen könnte man stundenlang zuschauen, wenn sie gelassen auf der Anhöhe in ihrem Gehege in die Ferne schauen oder mit dem so faszinierenden schwebenden Gang ihre Runden drehen. Neuerdings gibt es ja wieder vereinzelt Wölfe in freier Wildbahn, und die Angst der Menschen ist vollkommen unbegründet, denn wir passen nicht in ihr Beuteschema, lieber gehen sie uns aus dem Weg.

Man kann den putzigen Fischottern bei der Fütterung und beim Spielen zuschauen und dem Dachs, wenn er in seinem Bau im Heu gräbt, den Baummardern, wenn sie durch ihr Gehege toben, oder über Greife und Eulen auf der Flugwiese bei Veranstaltungen staunen.

Wildschweine, Rot- und Damwild gibt es ja auch in anderen Parks, aber hier sind ihre diversen Gelände weitläufig und besonders schön angelegt. Viel lässt sich über Seeadler lernen, über Auerhahn und Kolkrabe, Kampfläufer und Löffler. Aber auch über Kaninchen, Heidschnucken und Zwergziegen. Die Sprache der erläuternden Schilder ist einfach, aber nie anbiedernd, auch für Kinder gut zu verstehen – auch damit hat sich jemand viel Mühe gegeben.

Es brüten frei fliegende Storchenpaare, und im Sommer sammeln sich weit über 100 Alt- und Jungstörche auf der großen Wiese der weißen Rothirsche für den Flug ins Winterquartier. Und die kostenlosen Führungen zur Hirschbrunft Ende September sind so lehrreich wie faszinierend.

Adresse Stellbrooker Weg, 24598 Heidmühlen | **Anfahrt** von der A 7 auf die B 206 Richtung Segeberg, nach etwa 6 Kilometern links ab, Straße »Weide« | **Öffnungszeiten** täglich im Sommer 9–18 Uhr, Winter 10–16 Uhr | **Tipp** Man kann auch mit dem Flieger kommen. Der Privatflugplatz Hartenholm liegt um die Ecke – dort macht es übrigens Spaß, beim Fallschirmspringen zuzuschauen.

46 Die Halbinsel Graswarder

Das wandernde Möwen- und Naturparadies

Es ist unglaublich, was die Natur sich so alles einfallen lässt. Bei Heiligenhafen wandert ein Stein- und Graswarder, Nehrungshaken genannter, zweieinhalb Kilometer langer Streifen Land, 100 Hektar groß, von Westen nach Osten. Er verlängerte sich in 50 Jahren um zehn Hektar. Die Landschaft dieser Halbinsel mit bis zu zweieinhalb Meter hohen Strandwällen besteht aus Material der Steilküste und Sand und Geröll vom Seegrund und lagert auf einem Sandsockel.

In seiner Novelle »Hans und Heinz Kirch« berichtet Theodor Storm, dass »sich ein paar Kabellängen vor der Stadt ein schmales Eiland quer vor erstreckt, dass sie dort den Warder nennen, von wo ab im Frühjahr unablässiges Geschrei der Strand- und Wasservögel nach der Stadt herübertönt«.

Dieses Naturschutzgebiet und sein Sandstrandbiotop müssen vor den Menschen geschützt werden; das Ferienzentrum nebenan hat fast 7.000 Betten, der Segelhafen 1.000 Liegeplätze. Vor allem der NABU macht sich um den Erhalt der Natur verdient. Wahrzeichen ist ein gewagt aussehender, vom Stararchitekten Gerkan entworfener hölzerner Beobachtungsturm. Tägliche Führungen in die ansonsten gesperrte Seevogelkolonie werden zum Erlebnis: vielerlei Strandläufer, Austernfischer, die einen Wattwurm aus dem Schlick ziehen, Wiesenpieper, Rotschenkel und Brachvögel, auch Salzwiesenpflanzen wie Echte Sellerie und Pfefferkresse. Ein frisch geschlüpftes Küken der Sturmmöwe in der Hand zu halten und im Herbst der Anblick Tausender Graugänse und Kormorane – anrührend und großartig. Früher spielte das Sammeln der Möweneier eine beachtliche Rolle, Zigtausende von des »Börgermester sin Höhner« wurden als Delikatesse gehandelt, zum Segen für die Stadtkasse von Heiligenhafen. Heute sind die Fachwerk- und Holzhäuser am Strand, manche reetgedeckt, nicht nur malerisch, sondern auch – neben einigen Orten auf Sylt – das teuerste Wohngebiet Schleswig-Holsteins.

Adresse Graswarder, 23774 Heiligenhafen | **Anfahrt** von Lübeck die A1 bis (fast) ans Ende | **Tipp** Eine neue touristische Attraktion ist die 435 Meter lange Seebrücke, mit verglasten Abschnitten, Badedeck und Meereslounge – nun ja, wer statt Natur mal Menschen gucken will …

47 Das Mekka der Angler

Raus zum Abenteuer – Anglerlatein ohne Angelschein

Allein oder im Team, Mann gegen Fisch: Brandungsangeln, Hochseeangeln, Fliegenfischen – das Abenteuer hat viele Namen. Hier in Heiligenhafen liegt die größte Flotte für Hochseeangeln in Europa! Es gibt zehn Betriebe, 45.000 Angler aus aller Welt kommen jährlich, um dieser manchmal ziemlich wilden Leidenschaft zu frönen.

Zwei bis drei Meter lang ist die Rute fürs Pilkfischen, 150 Meter die weniger als einen halben Millimeter starke Schnur – die wird übrigens von Könnern von unten, nicht über den Kopf geworfen. Im Frühjahr brauchen die Pilker andere Farben als im Sommer und Herbst oder Winter, am geeignetsten sind Japanrot und Schwarz. Nun ja, wie das alles montiert wird, muss man sich vom Profi erklären lassen. Außer Dorsch gibt's öfter Wittling, aber auch Gold- und Steinbutt, Makrele oder Hering. Für Letzteren nimmt man sonst ein Vorfach als Köder, mit fünf Goldhaken, auf die rote Fäden oder Glimmer geknotet werden. Heringsstreifen oder andere Fischfetzen sind Köder für den Hornhecht, den es im Sommer vielfach gibt – der aber wegen seiner vielen Gräten unbeliebt ist, obwohl er verdammt gut schmecken kann. Hornhechte und Heringe gibt's besonders zwischen Ortmühle und der Steinhusener Steilküste; manche Reviere sind reich an Flundern, andere an Butt, Dorsch und Aal; Letztere und Plattfische finden sich eher in Strandnähe, die Steilküsten bei Kembs, Dazendorf und Strandhusen sind bei Brandungsanglern beliebt. Aber es geht auch zum Öresund im Darß oder zu den dänischen Inseln Falster und Mön. Für jeden Angler ist eigentlich ein Fischereischein vorgeschrieben, jedoch erlaubt ein neues Gesetz in Schleswig-Holstein das Angeln an Bord von gewerblichen Kuttern auch ohne.

An Bord der Motorschiffe gibt es alles: Platz für bis zu 50 Angler, je nach Größe Kojen, natürlich Leihangeln und Zubehör, und der Dorsch wird auf der Rückfahrt an Schlachttischen noch auf dem Schiff filetiert.

Adresse 23774 Heiligenhafen | **Anfahrt** Über die A 1 und die E 47. Die Schiffe und der Touristenservice sind in Heiligenhafen nicht zu verfehlen. | **Tipp** Wer mehr Zeit hat, geht auf Heilbutt in Norwegen, Hecht und Barsch in Schweden, Großfische vor den isländischen Angelrevieren. Wer angelmäßig höher hinauswill, steigt um auf die gefährliche Schwertfischjagd – in Europa vor Marseille, rund um Malta und vor Portugal möglich. Wer's jedoch gerne erholsam hat, mietet ein Boot und holt sich die Erlaubnis von einem der Fischer an den zahllosen Seen der Holsteinischen Schweiz.

48 Die Straußenfarm

Wo Wundervögel bestaunt und gegessen werden

Auf diesem scheinbar ganz normalen Bauernhof fällt der erstaunte Blick auf eine Herde Strauße am Horizont, dahinter leuchtet die Ostsee. Man steht vor einem langen Hals mit kleinem Kopf, der mit verschmitztem Blick aus 2,50 Meter Höhe auf dieses Menschenwesen hinabschaut, und man schwankt zwischen Lachen und Erschrecken. Straußen-Wiener-Würstchen gefällig? Oder Gyros mit Zaziki? Frikadelle mit der scharfen Sauce Chakalaka? Oder Filet? Alles: 100 Prozent Straußenfleisch. Und die etwa 15-Zentimeter-Eier werden im Hühnervergleich zum zwölffachen Spiegelei.

Als Stefan Strukat 2001 seinen 15-Hektar-Hof zur einzigen professionellen Straußenfarm in Schleswig-Holstein umrüstete, wurde er von Nachbarn für bescheuert gehalten. Und von Behörden bis zu Tierschützern musste er viele Hindernisse überwinden. Heute hat er auf diesem Gelände unmittelbar an der Ostsee fast 200 Tiere, dazu Restaurant – bei dem die neugierigen Vögel gerne ans Fenster picken –, Laden und Campingplatz.

Das Fleisch schmeckt ähnlich wie Rind; es ist cholesterinarm und besonders mager; der Hausherr rät, es bei niedrigen Temperaturen zu garen, da kein Fett austritt. Die Tiere sind das ganze Jahr über draußen, wie in Südafrika, wo es im Winter ähnlich kalt wird wie hier. Dort gibt es Farmen mit bis zu 20.000 Straußen; die stammen aus dem 19. Jahrhundert, als Straußenfedern absolute Mode waren. Heute lassen italienische Modehäuser aus dem Rohleder Damenhandtaschen fertigen.

Zur Balzzeit sind die Viecher gefährlich. Vor den Fußtritten der 150-Kilo-Vögel haben selbst Raubtiere in Afrika höllischen Respekt. In Syrien wurde der Strauß geritten und als Zugtier eingesetzt. Die Perser hielten ihn für faul: Wenn er fliegen soll, sagt er, er sei ein Kamel. Wenn er was tragen soll, ist er lieber ein Vogel. Das Sprichwort sagt, man soll sich entscheiden: Sei ein Vogel und fliege – oder sei ein Kamel und trage.

Adresse Ostseering 11, 24257 Hohenfelde | **Anfahrt** von Kiel auf der B 202 nach Lütjenburg, im Ort links die Landstraße nach Schönberg, auf halbem Weg, kurz vor Hohenfelde, rechts ab | **Öffnungszeiten** März–Okt. täglich 10–18 Uhr, Nov.–Dez. Mi–So 10–16 Uhr | **Tipp** Das so berühmte wie wunderschöne Gut Panker in der Nähe steht in jedem Reiseführer: Kunst, Kultur und das Restaurant »Ole Liese«.

49 Das Wasserwandern

»Out« und »in« fern der Massen

Keine 1.000 Einwohner hat diese selbst ernannte »Perle der Ostsee« – an dem Eigenlob ist was dran, denn Strände, mehrere Naturschutzgebiete und die Steilküste rund um die Hohwachter Bucht jenseits des Massentourismus sind verlockend. Die Satzung bestimmt: Hier darf kein Haus höher sein als die Bäume. Es gibt noch ein Dutzend Fischer im Dorf, im Nebenerwerb. Und in ganz Deutschland einzigartig sind die historischen Badehütten am Strand; so witzig sie aussehen, entsteht quasi Kino im Kopf über die Badesitten im 19. Jahrhundert. Das war damals absolut »in«.

Die neueste Trendsportart heißt »Longe Côte« – »entlang der Küste« – und der Verband »Sentiers Bleus« – »blaue Wege«. 2005 in Dünkirchen erfunden, haben sich diese Wasserwanderwege in Frankreich massiv ausgebreitet, vor allem in der Normandie und der Bretagne. Als erstes Mitglied in Deutschland bekam das »Hotel Hohe Wacht« das Zertifikat für den Betrieb dieser Ganzkörper-Gesundheits-Mode. Wie das geht? Bis zur Taille im Wasser, am besten mit einem Kajakpaddel fürs Gleichgewicht bei Wellengang und zum Vorwärtskommen, in Schuhen, vielleicht im Neoprenanzug – da bekommen Schultern, Bauch und Beine ganz schön was zu tun. Leuchtet ja ein, ist gut für die Gesundheit wie fürs gesellige Vergnügen. Es wird sich zeigen, ob sich neben Surfen und Wellenreiten dieses gehende Paddeln im Wasser so ausbreitet wie das Stehpaddeln auf demselben.

Hoteldirektor Schmidt lässt sich viel einfallen und bietet außer Spa und Sport auch Konzerte und als Einziger weit und breit Lesungen prominenter Autoren – das freut den Buchliebhaber. Absolut einmalig ist die traumhafte Alleinlage des »Genueser Schiffs«, Restaurant und Hotel, in den Dünen am Meer, die meisten Zimmer mit Blick aufs Wasser. Es lebt also nicht jenseits der Moderne, dieses weitgehend friedliche Dorf an der Küste, aber traditionsbewusst. Man ist eben nicht auf hemmungsloses Wachstum aus.

Adresse 24321 Hohwacht | **Anfahrt** von Lübeck nach Norden auf der A 1, die B 202 Richtung Lütjenburg, danach Hohwacht ausgeschildert | **Tipp** Unweit, in Helmstorf, kann man bei Bootsbauer Gronau in Seminaren lernen, wie Holzboote gebaut und restauriert werden: Smakke- oder Renn-Jolle, Kutter, Ruder- und Motorboote – oder eine Yacht gefällig? www.segelbootsbau.de

50__Die Kulturinsel

Haufenweise Geschichte und kulturelle Abenteuer

Das so massive wie ungewöhnliche Museums- und Kulturangebot auf dem Campus der Fachhochschule in diesem östlichen Kieler Stadtteil ist jede Reise wert: Im Mediendom gibt es eine fesselnde Vielfalt von astronomischen Themen, in Kuppelshows zur Schönheit und Tiefe des Alls wird unser Sonnensystem begreifbar. Es gibt Anschauliches zur Erforschung der irdischen Natur, von der detailgetreuen Reise Darwins auf der Beagle bis zu Dinosauriern. Die Sternwarte ist als weiße Kuppel auf einem Hochhaus der Hochschule weithin sichtbar – und außer faszinierenden Blicken auf Mond und Sterne mit einem mächtigen Refraktor gibt's eine herrliche Rundumsicht über den Hafen und das Umland.

Das Computermuseum, mit Ausstellungen und Veranstaltungen, führt die kurze Vergangenheit der laufenden Revolution – von der Datenverarbeitung bis zum Internet – vor Augen. Im Bunker-D zeigt eine Galerie wechselnde Ausstellungen, dazu gibt's ein Kino und ein Café. Die Installation »33!Denk!Bänke!«, mit je eigenem Code versehen, liefert intermediale Kunst fürs Smartphone, vom Voodoo in Kenia und gregorianischen Gesängen bis zum Gedicht.

»Kleines Kieler Ofenmuseum« nennt sich ein rührender Laden gegenüber vom Mediendom – mit tollen Kachelöfen und handgearbeiteten Kacheln. Das Industriemuseum Howaldtsche Metallgießerei, ein Kulturdenkmal aus der Gründerzeit, zeigt, wie Kupfer und Bronze, Rotguss und Messing verarbeitet wurden, vom Wasserhahn über Bullaugen bis zur Schiffsschraube. Passend türmt der Kieler Schrotthandel seinen Zivilisationsmüll hinter dem Industriemuseum.

Gegenüber ist direkt der Bootsanleger für die Fördefahrten, und ein Stückchen runter liegt der kleine Hafen an der Mündung der Schwentine. Dieses ganze Ensemble ist so liebenswürdig wie beeindruckend; blöd nur, dass niemand auf die Idee kommt, die – wenigen – Öffnungszeiten zu koordinieren.

Adresse Sokratesplatz 6, 24149 Kiel-Dietrichsdorf, www.fh-kiel.de/kulturinsel-d | **Anfahrt** von Kiel über den Ostring, die B 502 Richtung Ostuferhafen oder vom Westufer mit der Schwentinefährlinie | **Öffnungszeiten** vieles nur am Wochenende, zahlreiche Veranstaltungen | **Tipp** Um die Ecke am Hafen in Wellingdorf kann man Boote mieten oder mit der Schwentinetalfahrt einen reizvollen Ausflug sechs Kilometer in das schönste Naherholungsgebiet der Landeshauptstadt machen.

51 Der Westernreithof

Ein tierisches Paradies in und mit der Natur

Jeans, Stiefel und Hut gehören zur Grundausstattung beim Westernreiten – die Zügel liegen locker in einer Hand, denn die andere braucht man ja fürs Lasso. Und bequem soll es sein, für Pferd und Reiter, denn der Tag eines Cowboys kann lang werden, man sitzt gelassen auf dem bequemen Sattel im Gleichgewicht. Es geht also nicht um die anstrengenden Disziplinen herkömmlicher Reitschulen, sondern um sanfte Bewegungen, bei denen das Tier als Partner die kleinen Signale erkennt und lustvoll ausführt. Die Pferde werden extra für diese Reitweise gezüchtet, mit langer Hüfte, großer Schulter und kurzem Rücken.

»›Heizen‹ lehnen wir grundsätzlich ab«, heißt es in Wegekaten, wo von Reitunterricht mit Pferdepflege, Longieren und Ausreiten bis zu Ferien mit einem persönlichen Pferd für den gesamten Aufenthalt alles möglich ist. Die Herde umfasst etwa drei Dutzend Tiere, man kann auch ein eigenes Pferd mitbringen. Auf der urtümlichen Farm mit der strohgedeckten Wegekate – vor über 200 Jahren als Schafstall gebaut – und einer Reithalle, verwunschen am Waldrand gelegen, gibt's mehrere Ferienwohnungen. Die hügelige abwechslungsreiche Knicklandschaft ist ideal für Ausflüge, für den Rapsritt zum Imker oder die Reit- und Kanutour »Paddeln und Satteln«, und der Wardersee verlockt zum Baden.

Quarter Horses, Paint Horses und die sonst hier im Norden eher seltenen Indianerpferde Appaloosa werden von Claudia und Gerhard Henseler gezüchtet, für den Verkauf als Turnierpferde oder zur Ausbildung als Freizeitpferde für die ganze Familie. Anderswo züchtet man mit Samen per Post, hier werden die Fohlen – von zwei Deckhengsten und zehn Stuten – in der Regel im Frühjahr ohne Hilfen auf der Koppel geboren. Alljährlich wächst etwa ein Dutzend Jungtiere in der Gemeinschaft mit den Müttern, dann in Offenstallhaltung, auf.

Liegt hier das Paradies der Erde auf dem Rücken der Pferde?

Adresse Wegekaten 1–2, 23827 Krems II-Wegekaten | **Anfahrt** von der A 21 in Bad Segeberg auf die B 432 Richtung Scharbeutz, in Wensin links nach Garbek, links Richtung Krems II, kurvenreich bis Wegekaten | **Öffnungszeiten** Termine machen unter info@wegekaten.de | **Tipp** In Warder kann man für den schönen See Boote mieten. Und beim Amt Nortorfer Land gibt's Angelscheine.

52 Die Kerzenscheune

Bunt und groß – 24 Pötte voller Wachs

24 große Fässer stehen an Fachwerkbalken, versehen mit je einer Apparatur aus kleinen Rohren, um sie zu heizen. In jedem Fass ist flüssiges Wachs einer anderen Farbe, zusammen sind es zwei Tonnen. Wir sind in der deutschlandweit größten Kerzenzieherei.

Detlev Armbrust war als Elektroniker angestellt, als seine Frau arbeitslos wurde. Da haben sie kräftig Kredit aufgenommen, diese alte Fachwerkscheune gemietet und 1999 ein Unternehmen gestartet. Wie lernt man dieses Handwerk? »Man macht einfach«, meint Armbrust, der hier etwa 10.000 Besucher im Jahr zählt, die grob geschätzt eine Million Kerzen herstellen. Natürlich macht es großen Spaß, den Docht mit seiner »wachsenden Wachsschicht« immer wieder zu tauchen, bis eine ordentliche Kerze fertig ist. Es gibt Gartentische mit 50 Plätzen, an denen das Picknick in den Trockenpausen schmeckt. Es kommen Gruppen aus Kindergärten und Schulen, Stammgäste und Touristen. – »Die älteste rüstige Kundin war 99 und freundete sich gleich mit einem kleinen Mädchen an.«

An jedem Fass hat Armbrust 15 Meter Kupferspirale verarbeitet – die Finger kann man sich nicht verbrennen, das Wachs hat etwa 65 Grad. Das teure Farbengranulat ähnelt den üblichen Lebensmittelfarben. Man kann inzwischen schon deutschlandweit in 16 Läden Kerzen selbst machen – Armbrust vergibt Lizenzen. Na, Lust dazu? Er bezieht das reine Wachs – ein Erdölprodukt aus der Raffinerie – tonnenweise überwiegend vom Hamburger Sitz des weltweit größten, südafrikanischen Konzerns für Paraffinwachse. Nebenbei: Das Verfahren zur Herstellung von Paraffin aus fetter Ofenkohle wurde im »Dritten Reich« in Afrika entwickelt.

Rubens malte das berühmte Bild vom Absturz des Ikarus, dem sein Vater Dädalus für ihre Flucht von Kreta (wo sie im Labyrinth des Minotaurus gefangen waren) Wachsflügel angefertigt hatte. Sie schmolzen, als er der Sonne zu nah kam; offensichtlich wusste er nicht, dass Wachs ab 40 Grad zu schmelzen beginnt.

Adresse Parkstraße 4, 24217 Krummbek | Anfahrt von Kiel Richtung Schönberg, hinter Passade rechts ab, über Höhndorf nach Krummbek, im Ort gibt's links ein Schild | Öffnungszeiten täglich 10–18 Uhr, Jan.–Juni erst ab 11 Uhr | Tipp Die Hofschlachterei Muhs in Krummbek hat sich nicht nur total der Bio-Produktion verschrieben, sondern beherbergt auch eine Kindergartengruppe vom Verein »Wurzelkinder«, in dem die Kids vom Wetter bis zur Verarbeitung mit allen Sinnen den kompletten Bauernhof erleben.

53 Das U-Boot 995

Technisches Wunderwerk für den Irrsinn des Krieges

Es ist beklemmend und wirkt wie ein Alptraum, wenn man im Bauch dieses fast 70 Meter langen Technischen Museums über den Wahnsinn von Kriegen nachdenkt, der hier drin ganz besonders intensiv spürbar ist. Es übersteigt jede Vorstellungskraft, wie die 50 Mann Besatzung, auf engstem Raum zusammengepfercht, in Erwartung des Todes gehorsam ihren Dienst tun konnten, wie sie in Lärm und Gestank, an Fliegerangriffe und Wasserbomben gewöhnt, an ihre Familien denken. Und sie singen: »Darum lasst uns noch einen verlöten/Vielleicht sind wir morgen schon flöten/…/Wir sind ja die Freunde vom Beerdigungsverein/Junge Junge, das ist fein.« Von 39.000 U-Boot-Fahrern in diesem tödlichen Katz-und-Maus-Spiel kehrten 32.000 nicht zurück.

Dies ist das einzige in Deutschland erhaltene U-Boot aus dem Zweiten Weltkrieg. 1943 gebaut, war es von 44 bis 45 im Einsatz und versenkte einen Zerstörer, eine Reihe von Frachtern und einen Fischdampfer. Es wurde an Norwegen ausgeliefert, diente dort als Schulboot und wurde nicht mit dem Schneidbrenner verschrottet, sondern 1972 als Museumsschiff dem Deutschen Marinebund übergeben. In diesen langen, schlauchartigen Gängen, in einem Gewirr von Leitungen und Rohren, zahllosen Messgeräten und Stellrädern, entlang an engen Pritschen, dazwischen mächtige Torpedos, winzige Kämmerchen für Funker und Offiziere, kann man sich dem Staunen über dieses technische Wunderwerk nicht entziehen. Und dann will man möglichst schnell wieder raus.

Von außen wirkt dieses mächtige Ungeheuer durchaus elegant, ein wenig wie ein Delphin. Nebenan steht das ja nicht gerade »schöne« Laboer »Ehrenmal« von 1927 zum Gedenken an die Gefallenen des Ersten Weltkriegs. Es ist keine fünf Meter höher als das U-Boot lang. Warum erzählt kein Reiseführer, dass es 1936 von Hitler eingeweiht wurde? Zusammen sind sie Mahnmal und Museum für den Irrsinn der Kriege und unermessliches Leid.

Adresse Strandstraße 92, 24235 Laboe | **Anfahrt** von Kiel die B 502 Richtung Schönberg, links Laboe, im Ort nördlich ausgeschildert | **Öffnungszeiten** April–Okt. 9.30–18 Uhr, Nov.–März 9.30–16 Uhr | **Tipp** Unweit, in Heikendorf-Möltenort, steht das U-Boot-Ehrenmahl; dort werden die Namen von 27.491 gefallenen U-Boot-Fahrern in einem bogenförmigen Rundgang genannt.

54_Die Alpaka-Zucht

Ein Blick sagt mehr als 1.000 Worte

Ihr Anblick mit dem hohen Hals, den Haarbüscheln über den Augen und dem neugierig-skeptischen Ausdruck hat etwas Bezauberndes. Claudia Böge sah Alpakas im Fernsehen – machte sich schlau und hat inzwischen eine Zucht von über 50 Tieren auf ihrem Hof. Neben ihrer Teilzeitarbeit als Immobilienfachfrau hält sie Limousin-Rinder, leitet die Geschäftsstelle des Alpaka Zucht Verbands und gibt halbjährlich die Zeitschrift »Alpaka Post« heraus. Enthalten sind das Zuchtbuch und die Adressen der Züchter, auch ein Katalog mit Abbildungen, Beschreibungen und Preisen: die Damen zwischen 3.000 und 10.000, Hengste von 400 bis 1.200 Euro.

Schon die Vorfahren der Inkas begannen vor 7.000 Jahren aus den wild lebenden Vikunjas Alpakas zu züchten. Diese Kameliden mit ihrem sanftmütigen Charakter sind leise und genügsam und gewinnen hierzulande immer mehr Freunde, auch für tiergestützte Therapie, als Begleittier für Wanderungen oder, ja, als »natürlicher Rasenmäher«.

In den Anden werden sie vielleicht fünf, hierzulande 25 Jahre alt. Sie gehören zu den edelsten Tierhaarlieferanten der Welt, liefern aber nur gut zwei Kilo Wolle in 22 Farbtönen. Anders als bei Schafen enthält sie keinerlei Wollfett, hat einen natürlichen Glanz, ist thermoregulierend und antiallergisch. Züchterin Böge berichtet jedoch, dass mit der Wolle nichts verdient wird, weil der Aufwand zu groß ist. Und da die Tiere hierzulande nicht wie in den Anden gegessen werden, lohnt sich ökonomisch nur die Zucht.

Wer sich Alpakas anschaffen will, sollte vorher die Koppel mähen – zu viel Gras kann zu Koliken führen. Und wenn es heftiger regnet, kommen sie in den Stall – zu viel Nässe mag ihre Wolle nicht. Alljährlich gibt es in Alsfeld eine große Alpaka-Show. Einzeln geht nicht, sie sind Herdentiere – wie wär's mit ein paar Suris (das sind die mit den langen Locken und Strähnen) oder gekräuselten Huacayas für den Garten?

Adresse Buchholz 7, 24306 Lebrade | **Anfahrt** von Kiel die B 76 Richtung Plön, links ausgeschildert »Lebrade«, im Ort links Am Beek, Trakehner Hof, Buchholz folgen | **Öffnungszeiten** Anmeldung unter Tel. 0151/56940344 | **Tipp** Die Lebrader Teiche dienten einst der Karpfenhaltung und sind jetzt mit 70 Hektar ein international bedeutsames Vogelparadies unter Naturschutz mit bis zu 5.000 Wasservögeln gleichzeitig.

55__Die Werkstätten Lange

Eisenschmiede und Kunstwerkstatt in der Reithalle

Das Verblüffende an den Arbeiten von Kurt Lange ist die erstaunliche Vielfalt; vom Restaurieren historischer Werke bis zur modernen Eigengestaltung reicht das Spektrum: Renaissancetor in Wensin und Brückenportal an einer Schleuse, Altarleuchter und Pastorengräber, Gitter, Portale und Handläufe im Schloss Plön, eine klassizistische Verandaanlage und Arbeiten am gesprengten U-Boot-Bunker, eine Turmspitze und Kirchenfenster – sei's repariert, sei's nachgebaut, all dies setzt eine Menge historischer Kenntnisse und Fertigkeiten voraus. Die neu geschaffenen Brücken, Treppen, metallenen Zäune und Geländer sind so abwechslungsreich wie allesamt zeitlos. Dies gilt auch für die vielerlei erstaunlichen Skulpturen, von eisernen Mobiles über Kreuze, Engel und rostige Elefanten bis zur Gitterskulptur und einer im Boden eingelassenen Sonnenuhr, deren Zeiger der daraufstehende Mensch ist.

Isabel, Kurt Langes Frau, fertigt seit Jahrzehnten Schmuck. Nun entwirft und baut sie in der großen Halle filigrane Figuren, auch Tore und Fenster. Gemeinsam kauften sie 2008 die heruntergekommene Reithalle des schlossartigen Herrenhauses von Lehmkuhlen aus dem Jahr 1900, renovierten die 900 Quadratmeter und bauten sich ihre Wohnung, Arbeits- und Ausstellungsräume und ein Schmuckatelier gesondert ein.

Langes Respekt vor seinem Material und dessen Langlebigkeit ist offensichtlich. Es hat gute Gründe, warum Hephaistos, der griechische Gott der Schmiede, der einzige Handarbeiter im Götterhimmel war. »Eisen hat mehr Charakter«, meint Lange, der – zusammen mit einem Gesellen und drei Lehrlingen – auch mit Edelstahl, Kupfer und Messing arbeitet. Eine 400 Kilogramm schwere Eisenkugel, für eine Ausstellung im Schloss- und Beschlägemuseum in Velbert geschaffen, thematisiert (so der Katalog) die Vielfalt des Werkstoffes und seinen Kreislauf vom Rohmaterial über das fertige Stück zu Schrott und Wiederverwendung.

Adresse Am Schloss Bredeneek 1a, 24211 Lehmkuhlen | **Anfahrt** von Kiel die B 202 Richtung Lütjenburg, am Rastofer Kreuz Richtung Preetz, rechts hinter dem Herrenhaus | **Öffnungszeiten** Anmeldung unter langeseisen@gmx.de | **Tipp** Das säulengeschmückte Pseudo-Schloss nebenan ist sehenswert – neureiche Angeberarchitektur vom Ende des 19. Jahrhunderts. Dann lohnt der Ausflug zu Langes liebenswürdiger Sonnenuhr an der Promenade in Bad Malente.

56_Der Chrome American Diner

Bombenmäßige Burger nicht nur für Biker

Um die Ecke von der Autobahnabfahrt zieht sie alle Blicke auf sich: eine mächtige glänzende Silberkiste mit rotem Chrome-Schriftzug – ein amerikanischer Diner, der hier wie aus der Zeit gefallen wirkt. Auf den ersten Blick absurd, dann aber: Das hat was, ist zweifellos originell. Dieses Riesending wurde tatsächlich in Florida gefertigt, per Truck und Schiff in die holsteinische Provinz transportiert und innen, von roten Barhockern über Besteck, Serviettenhalter und Salzstreuer bis zum Klobecken, original eingerichtet.

Es begann in den USA einst mit umfunktionierten Restaurantwagen der Eisenbahn; nach allerlei stromlinienförmigen Designs wurden die klassischen Diner durch die neuen Fast-Food-Anbieter verdrängt. Doch seit den 70ern begann der Wiederaufstieg, es setzte sich der heutige Retrolook durch. Die Frühstücksgerichte im Lensahner Chrome heißen nach Film- und Musikstars wie Marylin (zwei Pfannkuchen mit Sirup) oder James Dean (mit Speck, Würstchen, Eiern, Marmelade). Die Burger, von Large bis Double Giant, sind nach Automarken benannt, von Chevy und Edsel bis Thunderbird; die Corvette ist vegetarisch. Und »sie sind nicht lauwarm und wabbelig wie bei McDoof«, schreibt jemand im Netz. Natürlich gibt's Steaks, auch Chips, Sticks und Drums, Donuts und Muffins mit Shakes, und, wie es sich gehört: Kaffee bis zum Abwinken. Immer ist es rappelvoll, man muss vorbestellen, die liebenswürdige Bedienung Lenka aus der Slowakei meint: »Macht Spaß, toller Job fürs ganze Jahr.«

Der Macher des Ganzen, Mr. Voigt, erzählt, dass er das Chrome vor zwölf Jahren aus der Pleite kaufte. Er ist nicht nur äußerlich ein mächtiger Kerl, der bei Events die Massen im Griff hat: Stolz auf den »american lifestyle«, veranstaltet er Treffen von US-Schlitten, Oldtimern, Bikern, Trikes und Dragstern, mit Blubbern und Röhren, auch mal mit DJ, Blues, Oldies und Country.

Adresse Dieselstraße 2, 23738 Lensahn | Anfahrt die A1 von Lübeck Richtung Dänemark, Abfahrt Lensahn | Öffnungszeiten Mo–Mi geschlossen, Do, Fr 17.30–22 Uhr, Sa, So 12–22 Uhr | Tipp Unweit, im Museumshof Lensahn, gibt's nicht nur einen Naturlehrpfad, dort kann man auch auf zahlreichen Oldtimer-Treckern radaumäßig Gas geben.

57__Das Eiszeitmuseum

Mach dir deinen Feuerstein selbst

Warum das schleswig-holsteinische Eiszeitmuseum an dieser Stelle steht, in der hügeligen Stauchmoränenlandschaft am Hessenstein, auf halbem Weg zwischen dem Großen Binnensee und dem Selenter See, ist offensichtlich: Hier ist das Wirken der Eismassen unmittelbar nachvollziehbar. Es wird anschaulich, wie skandinavisches Gestein über viele hundert Kilometer hinweg nach Norddeutschland verfrachtet wurde, wie Eis und Schmelzwässer die Oberfläche der Landschaft formten. Museumsleiter Dr. Christian Russok, der die Besucher nicht nur belehren, sondern auch unterhalten will, bringt es auf den Punkt: »Wär die letzte Eiszeit nicht gewesen, dann müssten wir an dieser Stelle hier jetzt schwimmen.«

Im Verlauf der Erdgeschichte gab es auch warme Zeitabschnitte, in denen vermutlich sogar die Polkappen eisfrei waren. Aber vor 440 Millionen Jahren war selbst das Gebiet der heutigen Sahara vergletschert. In Norddeutschland ging die letzte Kaltzeit vor etwa 12.000 Jahren zu Ende.

Das freundliche Museum zeigt zwei Milliarden Jahre Erdgeschichte, doch es wirkt nicht nur museal, sondern soll – nicht zuletzt den Kindern – auch Spaß machen. Dazu gehört ein riesiges nachgebautes Wollhaarmammut, und vieles kann angefasst werden: wie ein Mammutbackenzahn aus Sibirien oder ein Stein voller Muschelschalen. Man fühlt, wie glatt die vom Gletscher polierten Steine sind, riecht, wenn der Stinkkalk gekratzt wird, und kann quasi 1,9 Milliarden Jahre in der Hand halten.

Hauptattraktion für Schulklassen sind erlebnispädagogische Aktionen. Kinder können in der Steinzeitwerkstatt wie einst die Menschen in der Eiszeit Feuerstein bearbeiten und daraus Werkzeuge herstellen oder Speerschleudern basteln. Bernstein kann geschliffen und Fossilien in Gips abgegossen oder aus Steinen herauspräpariert werden. Ein Café gehört zum Museum, und im Laden kann man auch Fossilien und Mineralien kaufen.

Adresse Nienthal 7, 24321 Lütjenburg | Anfahrt von Kiel auf der B 202 nach Lütjenburg, im Ort Richtung Schönberg links zur Mittelalterburg, geradeaus weiterfahren bis zum Museum | Öffnungszeiten Okt.–April Di–So 11–17 Uhr, Mai–Sept. Mo–So 10–18 Uhr | Tipp Fünf Kilometer sind's zum alten, schönen Aussichtsturm und dem legendären Restaurant Forsthaus Hessenstein, vom Hamburger Ex-Onkel-Pö-Wirt Peter Marxen geführt, unweit vom berühmten Ausflugsziel Gut Panker.

58__Die Turmhügelburg

Allerley kunterbunte Mittelalterey

»Chateau à Motte«, also: Burg auf Hügel, war die häufigste Befestigungsform, als hier in Wagrien die Slawen im 12. Jahrhundert von den Schauenburger Grafen und ihren niederadligen Lehnsleuten kolonialisiert und missioniert wurden. Etwa ein Dutzend solcher Turmhügelburgen stand im Umkreis von Lütjenburg; mit viel Genauigkeit wurde diese hier im Nienthal nach historischen Vorlagen gebaut. Allein für den Turm wurden 5.700 Eisennägel handgeschmiedet, die handgestrichenen Ziegel im Kohlebrand hergestellt.

Das bedeutendste Gebäude in diesem typischen Gutshof eines Landadligen ist natürlich der Wehrturm mit Wassergraben und Palisadenzaun. Das standesgemäße Ritterhaus entspricht ebenso historischen Vorbildern wie das Gesindehaus mit Stallungen und der offenen Feuerstelle. Die Schmiede mit Vorhalle ist heute wie damals in Betrieb, ebenso der Lehm-Backofen. Zum Unterstellen von Pferden, Wagen und Geräten diente dem Grafen das große Wirtschaftsgebäude. Die Kapelle für den neuen christlichen Glauben, ein Bienenhaus, ein Speicher, Brücken und Tore, Wall und Palisadenzaun vervollständigen das Ensemble. Und es entsteht ein Museumsgebäude mit Gastronomie. Häufig wohnen hier Mitglieder der Mittelalterszene aus ganz Deutschland, deren bunte, authentische Kleidung so witzig ist wie informativ. Sie hantieren konsequent mit mittelalterlichen Werkzeugen, Waffen und Gerätschaften; unbestreitbar ist ihr geselliges Hobby lehrreicher und lebendiger als manch andere Freizeitvergnügen.

In diesem Freilichtmuseum werden große Feste und Veranstaltungen organisiert. Zur Mittelalterey im Juli kommen Tausende – sie müssen mittelalterlich auf Kartoffeln und Kaffee verzichten. Und die ganze Unternehmung wäre ohne den ehrenamtlichen Einsatz der über 400 Vereinsmitglieder gar nicht denkbar – ein schönes Beispiel für bürgerschaftliches Engagement, um Heimatgeschichte lebendig werden zu lassen.

Adresse Nienthal, 24321 Lütjenburg | **Anfahrt** von Kiel auf der B 202 nach Lütjenburg, im Ort Richtung Schönberg, bald links folgt die Burganlage | **Öffnungszeiten** immer zugänglich | **Tipp** Nach der frugalen Mittelalterkost schmeckt im nahe gelegenen Panker im Restaurant »Ole Liese« die gehobene Küche umso besser. Es gibt diverse Galerien und Kunsthandwerker, gemäß dem Spruch über dem Portal des Hofs: »Altes ausgebessertes Haus, keines Tadels werth«.

59 Die Werkgemeinschaften

Seelenpflege für die Würde des Einzelnen

Seit fast 40 Jahren gibt es die anthroposophischen »Lebens- und Werkgemeinschaften Grebinsrade«, das sind sozialtherapeutische Wohn- und Werkstätten für Menschen mit Behinderung. In fünf Gebäuden leben etwa 60 betreute Menschen aller Altersstufen in sechs Wohngruppen zusammen und werden rund um die Uhr versorgt. Nach dem Motto »Das Recht auf Arbeit ist ein menschliches Grundrecht« kann jeder nach seinen Vorlieben und Fähigkeiten im Zusammenspiel mit anderen die Entstehung von Produkten erleben; das gibt allen Selbstwertgefühl und stärkt die Zusammengehörigkeit.

Nach den biologisch-dynamischen Kriterien des Demeter-Anbaus wird in dem vollständig landwirtschaftlichen Betrieb und in der Gärtnerei gearbeitet; geerntet werden vielerlei Produkte für den Eigenbedarf und den öffentlichen Verkauf. Es werden Mutterkühe mit ihren Kälbern für die Fleischverarbeitung gehalten. In der Gemeinschaftsküche entstehen täglich in zwei Schichten 80 bis 100 Mahlzeiten. »Das eigene Getreide ist das beste.« – Nicht nur die Brötchen aus der Bäckerei gelten in der Gegend rundum als besonders schmackhaft. Auch die Qualität der Filzarbeiten und Webereien aus der Textilwerkstatt hat sich herumgesprochen; erstaunlich erfolgreich sind besonders die Sitztaler.

Im Gespräch mit Thomas Reimann, Fachkraft für Arbeits- und Berufsförderung, der die überregional bekannte Kerzenwerkstatt leitet, wird deutlich, mit wie viel Engagement die Betreuer in dieser außergewöhnlichen Einrichtung dabei sind.

Es geht hier nicht um die üblichen Leistungszwänge, doch obwohl die Arbeit eben nicht in erster Linie aufs Verdienen ausgerichtet ist, tragen die Produkte stattlich zur Finanzierung bei. Also nichts wie hin: Die handgezogenen Kerzen aus Bienenwachs aus dieser alternativen Lebensgemeinschaft lohnen ebenso die Anfahrt wie die Textilien, Obst und Gemüse, Brot und süße Teilchen.

Adresse Wittenberger Weg 9, 24238 Martensrade | **Anfahrt** von Kiel die B 202 Richtung Lütjenburg, rechts nach Martensrade, geradeaus bis zum Hof in Ellhornsberg | **Öffnungszeiten** Anmeldung über info@grebinsrade.de | **Tipp** Von Menschen mit Behinderung hergestellte Waren einkaufen kann man auch unweit, in den »Preetzer Werkstätten« in der Gewerbestraße 3, zum Beispiel Bollerwagen und Kindermöbel.

60 Die Wittenberger Tapeten

Kunstvolle Handarbeit direkt auf die Wand

Rauf auf die Leiter, drucken, runter von der Leiter, Farbe auf den Stempel, wieder rauf – bis eine Wand, von der Grundierung bis zur Fertigstellung, zum Schmuckstück geworden ist, hat sie eine Menge Arbeit. Aber dann! »Tapeten sollen ein stimmiges Wohlfühlen herstellen«, meint Ragna Gräfin von Wedel, die Malerei studierte und sich bei der Gestaltung selbst zurücknimmt, um nicht plakative, sondern zeitlose, reduzierte Motive zu entwerfen. »Rhythmus, Leichtigkeit und Leere« bilden den roten Faden ihrer Arbeit. Direkt auf die Wand zu malen wäre einfacher. Das Drucken mit 28 teils unterschiedlich großen Modulen, jedes Mal neu koloriert, ist irrsinnig aufwendig. Aber wenn man ihre Tapeten betrachtet – eine heißt: »Je länger je lieber« –, versteht man, wie durch Wiederholung und Nuancen in Druck und Farbgebung eine unaufdringliche Ruhe entsteht. Ebenso bei der »März-Tapete« mit kahlen, filigranen Zweigen von Eiche und Buche auf wechselnder Grundfarbe.

Ihre Ideen gewinnt Ragna von Wedel durchs genaue Hinschauen in der Natur. Es entsteht jedoch kein realistisches Trompe-l'Œil, auch keine Abstraktion, sondern eine liebenswürdige Einfachheit, die nie Gefahr läuft, den Raum zu erschlagen, sondern ihn erweitert und den Wänden das Statische nimmt. Besonders überzeugt die Idee, die »Wittenberger Tapeten« anstelle von Bildern als beschwerte Bahnen an die Wände zu hängen, wo sie asiatisch-kontemplativ Ruhe ausstrahlen.

In ihrem Atelier unterm Dach im Wittenberger Herrenhaus experimentiert die Künstlerin, auch malerisch, mit natürlich umweltfreundlichen und lichtechten Farben auf schwer entflammbarer Vliestapete. Mit ihrem Ein-Frau-Unternehmen sind die Wege der Vermarktung nicht einfach. Das liegt weniger am Preis – zwischen 150 und 300 Euro pro Quadratmeter – als am Unverständnis der herkömmlichen Inneneinrichter für diese so zarte, zeitlose Wirkung. Wie wär's mal mit einem Tapetenwechsel?

Adresse Wittenberger Weg, 24238 Martensrade | Anfahrt von Kiel die B 76 Richtung Plön, die B 202 Richtung Lütjenburg, nach zehn Kilometern rechts nach Martensrade, geradeaus bis Wittenberg, rechts ab zum Herrenhaus | Öffnungszeiten nur nach Anmeldung unter ragna.wedel@wittenbergertapete.de | Tipp Der friedliche Selenter See, nach dem Plöner der zweitgrößte Schleswig-Holsteins, bietet – auch in einem großen Naturschutzgebiet – vielerlei Ausflugs- und Ferienmöglichkeiten.

61 Das Freilichtmuseum

Katen, Korn und Käse, Knicks und Kino im Kopf

70 historische Gebäude aus Schleswig-Holstein sind der Kern dieses weitläufigen Freilichtmuseums und Zeugen einer vergangenen Alltagswelt. Weit über 100 Veranstaltungen in der Hauptsaison – vom Gärtnertag und dem Schaftag bis zu Theater und Musik – locken Besucher. Museumshandwerker bieten Kurse: Drechsler und Korbmacher, Tischler und Uhrmacher, Schmied und Weber, auch Kerzenzieher und Reepschläger. Und in der Meierei werden die Maschinen in Gang gesetzt, zeigen die Butter- und Käseherstellung nach historischen Methoden.

Historische Hausformen, Katen und vielerlei Scheunen, Back- und Pfarrhaus, mehrere Speicher und vier Mühlen, Stellmacher, Reeperbahn und Fischerhaus – sie alle wurden am ursprünglichen Standort sorgfältig ab- und hier detailgetreu wieder aufgebaut. Hallenhaus, Langhaus, Gulfhaus und Barghaus (Haubarg) waren die häufigsten Wohntypen. Bis vor etwa 200 Jahren gehörten Wiesen und Weiden, Heide- und Moorflächen der Allgemeinheit, nur die Äcker den Bauern. Dann wurden durch die Verkoppelung die Flächen den Höfen zugeteilt; zur Abgrenzung der Parzellen entstanden die noch heute für die Landschaft so prägenden Knicks.

Hier wird das Leben unserer Vorfahren sinnlich und ganz praktisch erfahrbar: vom Feuermachen über Korn- und Kartoffelanbau, den Umgang mit Wind und Wasser, von Schlafen und Licht bis zu Haus- und Arbeitsgeräten, auch eine Apotheke mit Kräutergarten zur Geschichte der Pharmazie und natürlich die Wohnungseinrichtungen. Bis zum Abort, in den erst schrittweise die Moderne einzog – 1961 gab es erst in der Hälfte aller Wohnungen in Schleswig-Holstein ein WC. Mit ein wenig Phantasie entsteht eine Art Kino im Kopf, und man versteht den beachtlichen Aufwand für dieses großartige Museum. Zu guter Letzt gibt es eine von einem Trecker gezogene Museumsbahn, die bis zum historischen Jahrmarkt mit Orgelmusik, Karussell und Schiffsschaukel fährt.

Adresse Hamburger Landstraße 97, 24113 Molfsee | Anfahrt von Kiel kurz nach Süden auf der B 404 Richtung Bad Segeberg, gleich nach rechts ausgeschildert | Öffnungszeiten Nov. – März So 11 – 16 Uhr, April – Okt. täglich 9 – 18 Uhr | Tipp Von hier lohnt der Ausflug nach Schleswig zum Schloss Gottorf, dem bedeutendsten Landesmuseum für Kunst und Kulturgeschichte, sowie quasi um die Ecke zum Wikinger Museum Haithabu.

62 Der Fördewanderweg

Frischer Fisch und dicke Pötte

Mit dem biblischen Ölberg hat dieser Hügel nichts zu tun – er wird so genannt, weil die Reichsmarine hier ab 1933 ein Lager mit Tanks von 100.000 Quadratmetern betrieb; die verfallenden Tanks sind mächtig beeindruckend. Das Gelände ist ein Reservat für Vögel und Niederwild und der Panoramablick auf Kiel und die Förde grandios. Geeignet zur Einstimmung auf einen Spaziergang auf dem Fördewanderweg bis Laboe – für Wasserfreunde und vor allem fürs Bewundern der dicken Pötte, die in den Hafen oder durch den Nord-Ostsee-Kanal wollen, mit über 35.000 Schiffen die meistbefahrene künstliche Wasserstraße der Welt.

Wenn man zum Wasser abgestiegen ist, schieben sich fast romantisch der Strand und der kleine Hafen von Mönkeberg ins Bild. »Laboe is schö!«, steht auf dem Fördedampfer, der hier anlegt. Immer mit Blick hinüber nach Kiel auf Kräne und Hafengebäude, Marinehafen und Holtenauer Schleuse, Fähren und Kreuzfahrtschiffe führt der Weg über Kitzeberg, dann direkt am Sandstrand entlang zum Fischerei- und Sporthafen von Möltenort, einer fast dörflichen »Idylle mit Booten«. Pause mit Fischbrötchen direkt vom Kutter! Vorbei an der Skulptur von Fischer Claas mit einer Frau auf dem Arm, die er hier aus dem Wasser gezogen hat, zum mächtigen Bronzeadler am U-Boot-Ehrenmal. Nun eine Aussichtspause am treffend benannten Möltenorter Fördekiek – holla, was da auf dem Wasser alles los ist! Durchs Marine-Munitionsdepot geht's weiter nach Laboe.

Wer nach diesen knapp zehn Kilometern noch Lust hat, läuft noch sechs weiter, entlang der Steilküste von Stein bis zur Marina in Wendtorf. Wer aber nach Hause will, braucht eine Stunde von Laboe mit dem Fördedampfer zum Hauptbahnhof. Und wer überhaupt nicht laufen und nur gucken und staunen will, macht die gesamte Fördefahrt mit der MS Feodora II – der Kapitän erläutert die großen Kähne und Marinefahrzeuge, Tanker und Frachter und den Verkehrsknotenpunkt am Kieler Leuchtturm.

Adresse 24248 Mönkeberg | **Anfahrt** Zum Bunker am Ölberg in Mönkeberg zunächst über die B 502 Richtung Schönberg, hinter der Schwentinebrücke geradeaus den Heikendorfer Weg, vor Mönkeberg links. Oder man fährt weiter nach Laboe, um von dort die Wanderung umgekehrt zu machen. | **Tipp** In Heikendorf lohnt ein Abstecher ins Künstlermuseum mit dem Nachlass des Malers Heinrich Blunck, einer Sammlung regionaler Kunst des Im- und Expressionismus und wechselnden Ausstellungen (www.kuenstlermuseumheikendorf.eu). Ehrenamtlich sind 45 Mitarbeiter aktiv, die immer wieder Erstaunliches auf die Beine stellen.

63__Der Metallkünstler

Ein Radfahrer, reisende Ameisen und rissiges Holz

»Die Natur schafft Formen, die kein Mensch mit der Hand herstellen kann«, so Peter Schröder, der besonders gerne natürliche Fundstücke – Holz, Stein, auch Glas – mit verschiedensten Metallen kombiniert: Messing, Kupfer, Bronze und Edelstahl. Er war Werkzeugmacher und Maschinenbauingenieur, bevor er mit Kunstgewerbe begann und zunehmend zur freien Kunstgestaltung überging. 89 aus der DDR aus politischen Gründen ausgebürgert, geriet er nach Lensahn, bis er vor 15 Jahren auf den abseits gelegenen Hof Bürau mit Wohnung, Werkstatt und Galerie umzog. In der Ruhe am Ende eines Feldwegs entstehen Stelen und Plastiken, urige Skulpturen und feingliedrige Designobjekte – im Feuer der Schmiede, an einer 80 Jahre alten Drehbank, mit Kappsäge, Schweißgerät und Bandschleifer.

Im Ostseebad Dahme steht auf einem Steinsockel eine elegante Bronze von Schröder, auf der ein ziselierter Fahrradfahrer eine Schräge hinaufradelt. Und besonders witzig ist seine Ringelnatz-Skulptur in Hamburg an der Elbchaussee, Ecke Liebermannstraße: die berühmten zwei Ameisen, die nach Australien reisen. Irgendwelche Idioten hatten 2014 Kopf- und Hinterteil demoliert, er musste sie reparieren. Sie zeigt an einem über einen Meter hohen Stein eine goldene Straße, darauf die beiden Tierchen, 20 Zentimeter lang, mit der Hand elegant aus Schmiedebronze geformt; am Fuß steht das Gedicht auf einer Tafel. Überzeugend sind auch die Metallbilder: geometrische Kompositionen aus verschiedenen Buntmetallen, die Schröder mit diversen Säuren behandelt, um die Oberflächen zu färben. Er nutzt Eisen- und Edelstahlblech, Messing- und Kupferblech sowie altes, grün patiniertes Kirchendachblech. Und rissiges Holz – sei's von verwitterten Balken, sei's ein Fundstück aus der Natur – auf eine Stange montiert, mit Stein oder Metall zusammengesetzt, bekommt einen ganz eigenen, ausdrucksvollen Charakter.

Adresse Gut Bürau, 23779 Neukirchen-Bürau | **Anfahrt** von der A 1 hinter Oldenburg abbiegen, Richtung Neukirchen, etwas vor dem Ort rechts ab, Feldweg zum Gut Bürau | **Öffnungszeiten** Termine per Mail an schroeder@metall-gestaltung.net | **Tipp** Lust, schwimmen zu gehen? Sechs Kilometer lang ist der Ostseestrand von Neukirchen, einer der größten Camping-Gemeinden der Region. Oder lieber Geschichte gucken? In Gremersdorf steht – aus Lehm, mit Reetdach – die einzige erhaltene Rundscheune Schleswig-Holsteins.

64_Das Designer Outlet Center

Hemmungslos shoppen im künstlichen Wohlfühl-Dorf

Entscheidend ist die Rundum-Wohlfühlatmosphäre, die zum Kaufen verführen soll. Fachwerkfassaden und Klassizismus, unterschiedliche Gebäudehöhen, Simse und Türmchen an gepflasterten Gassen und Plätzen sorgen für putzliges Dorfgefühl, internationales Flair und friedliche Stimmung – wie in einem unbeschwerten Urlaub, fern vom Alltag mit seinen Widrigkeiten. Dieses raffinierte Konzept gibt es bereits in Berlin und anderen europäischen Städten, McArthurGlen plant weltweit weitere Designer Center. Die schieren Zahlen sind beeindruckend: Für 120 Millionen Euro entstehen hier in Neumünster über 100 Geschäfte auf 20.000 Quadratmeter Verkaufsfläche mit 2.500 Parkplätzen. Rund 1.000 Arbeitsplätze bietet dieses Dorf der Verführung, das von weit her Besucher anzieht.

Gehobene Kulturkenner haben ja meist was gegen künstliches Fachwerk und so, sie mögen von eskapistischem Kitsch im Potemkinschen Dorf reden – aber von diesem gemütlichen Ambiente lässt man sich gerne anstecken. Selbst manch kritischer Konsument wird hier fündig, auch wenn ihm Marken eigentlich egal sind. Und verdammt, hier gibt's so viele – und so günstige – Klamotten und Kram, dass man prompt mehr kauft als vorgesehen. Geworben wird damit, dass alles 30 bis 70 Prozent billiger sei – nun ja: billiger als was? Natürlich gibt's auch richtig teures Zeug, von Armani über Kors und Lagerfeld bis Zegna, von den tollen Taschen von Mandarina Duck bis zu den wunderschönen Töpfen von Le Creuset. Jedoch gibt es überall immer auch unwiderstehliche Schnäppchen – wenn das Geld alle ist, sagt man sich: »Boah, da hab ich ja wieder mal gespart.« Wie eine Besucherin am Ausgang zu ihrem Partner meinte, mit Blick auf seine beiden Hände voller Taschen: »O Mann, jetzt haben wir's aber wieder mal heftig übertrieben! Ich hab aber gar kein schlechtes Gewissen, manchmal muss das einfach sein.«

Adresse Oderstraße 10, 24539 Neumünster | **Anfahrt** von der A 7 Abfahrt Neumünster-Süd, der B 205 folgen, ist überall gut ausgeschildert | **Öffnungszeiten** Mo–Sa 10–20 Uhr | **Tipp** Wer auf Klamottensuche ist, findet unweit, in Neumünster, einen weiteren Einkaufstempel: Nortex bietet weniger Chic, aber auf 10.000 Quadratmetern unter einem Dach Mode für die ganze Familie, nicht zuletzt auch Übergrößen.

65_Der Skulpturenpark Gerisch

Eine Stiftung für weltberühmte Kunst in der Provinz

Diese Kleinstadt-Galerie konkurriert mit ihren internationalen Ausstellungen mit den besten in Hamburg oder Berlin, und der Skulpturenpark ist so einmalig wie umwerfend. Die Einbettung in den 80 Jahre alten denkmalgeschützten Reformgarten ist ein weiterer Baustein für diesen Dreiklang aus Geschichte, Natur und moderner Kunst. Von Beuys und Barlach über Penck und Picasso bis Weiwei fanden und finden sich hier die größten Weltkünstler im ständigen Wechsel der Themen in den alljährlich drei großen Ausstellungen. Somit ist die Jugendstilvilla Wachholtz – vom Bau-Industriellen Herbert Gerisch ursprünglich mal für den Abriss erworben – nun der Mittelpunkt einer in ganz Schleswig-Holstein unvergleichlichen Einrichtung.

Es begann 2002 mit den »Kissing Birds« des Israelis Kadishman, »die trotz ihrer Fertigung aus Bronze scheinbar schwerelos über das Parkgrün flattern und lediglich über ihre Schnäbel verbunden sind«, wie es im Katalog heißt. Manche irritierend modern, andere durch gefühlvolle Formensprache anrührend, sind die nun zwei Dutzend Skulpturen der wegweisende Grundstock der Gerisch-Stiftung, die erkennbar für die Ewigkeit angelegt ist.

Das Ehepaar Gerisch hat hier eine neue Lebensaufgabe gefunden. Er war jahrzehntelang aktiver CDU-Politiker, Kulturdezernent und Bürgermeister in Neumünster sowie Landtagsabgeordneter. Seine Frau Brigitte, die sich nicht zu schade ist, selbst an der Kasse zu sitzen, meint, zu Recht erkennbar stolz auf dieses großartige Ensemble, sie habe halt gerne alles unter Kontrolle. Mehrere Kunststudenten arbeiten hier; sie erläutern dem neugierig Fragenden so bereitwillig wie begeistert die Zusammenhänge der Dauerausstellung von der Kunst im Park bis zu den Blickachsen und Künstlern. Programme zur Kunstvermittlung und Veranstaltungen runden das Angebot ab, ein Highlight für den ganzen Norden.

Adresse Brachenfelder Straße 69, 24536 Neumünster | **Anfahrt** die A 7 von Hamburg, Abfahrt Großenaspe, in der Stadt ausgeschildert | **Öffnungszeiten** Okt. – März Mi – So 11 – 18 Uhr, April–Sept. Mi – Fr 11 - 18 Uhr, Sa, So 11 – 19 Uhr | **Tipp** Nördlich, verteilt im kleinen Dorf Bissee, gibt es seit 20 Jahren eine grandiose Sommerausstellung von Skulpturen. Und in Schönkirchen gibt es einen beeindruckenden, ständig wachsenden Skulpturenpark.

66__Das Slotcar Racing

Das Mekka im Norden für Mini-Rennfahrer

Es leben viele hundert Männeken in den liebevoll angelegten Landschaften und Szenerien an der fünfspurigen Kurvenbahn; natürlich auf der Tribüne, aber auch am Fischstand und beim Open-Air-Konzert, einige warten vor der Telefonzelle. Und natürlich gibt's viele Mini-Autos, vom Oldtimer bis zum Polizei-VW-Bus.

Offensichtlich ist es »das Kind im Manne«, das sich hier austobt – auch wenn zunehmend Paare und Familien da sind. Und es ist viel Nostalgie dabei von älteren Jungs, die in der Kindheit mit der Carrerabahn spielten, dem Marktführer in den 60ern. Seit den 90ern gibt es einen neu wachsenden Boom mit unterschiedlichsten nationalen und internationalen Meisterschaften. Matthias Parke, eine prägende Figur in der Szene, der 2004 Konstrukteurs-Weltmeister und 2005 Europameister wurde, meint trocken: »Im Sommer war ich beim Surfen. Da hab ich im Winter die Bahn meiner Kindheit vom Dachboden geholt.«

Zwei sechsspurige Bahnen hat diese Anlage, das Mekka der Slotcar-Race-Fans im Norden: eine 35-Meter-Carrera- und eine 36-Meter-Holzbahn. Letztere hat den Vorteil, dass es keine genormten Teile gibt, der Streckenverlauf also beliebig gebaut werden kann. Und es konkurrieren die Maßstäbe 1:32 – überwiegend Spielzeug aus Fernost – und 1:24, dem Modellbau, der größtenteils in Deutschland stattfindet. Die Fans kaufen Chassis und Karosserien – und dann bauen sie drauflos: Konstrukteur, Fahrer und Rennstall-Management in einem. Sie frickeln an der Übersetzung, dem Stromabnehmer oder den Reifen. Parke beschäftigt in Hamburg für den Bau saisonal bis zu acht Leute. Und ihm ist es wichtig, dass sein Sport keine gesellschaftlichen Schichten kennt, vom Topmanager bis zum Hartz-IV-Empfänger mischt sich alles. Wobei Migranten leider selten sind, denn die kennen Modelleisenbahnen nicht aus ihren Kindertagen.

Übrigens: Auch Schumi und Vettel nahmen schon an Slotcar-Rennen teil.

Adresse Haart 224, 24539 Neumünster, slotracer.jimdo.com | **Anfahrt** Von der E 15 Abfahrt 14 Neumünster-Mitte, auf dem Holstenring rechts, an der dritten großen Kreuzung rechts auf die Haart nach Südwesten. Das Center ist in der ehemaligen Köster'schen Fabrik, neben dem statt-Theater. | **Öffnungszeiten** Clubabende jeden Di, am 1. So im Monat Familienrennen 13 – 18 Uhr, Anmeldung über mk@slotracing-werk.de | **Tipp** In der Holstenhalle in Neumünster findet alljährlich die Modellbaumesse statt, auch mit Trucks, Panzern und Schiffen – jedoch vor allem für Eisenbahner reizvoll.

67__Die Stadttöpferei

Vom Matsch zur Kunst – internationale Keramik

Wer es schon einmal selbst versucht – oder auch nur bei einem Profi zugesehen – hat, wie aus Matschepampe die schönsten Gegenstände entstehen, spürt, wie faszinierend dieses Handwerk sein kann, das es schon seit zig Jahrtausenden gibt. Das Zusammenspiel der Elemente – Erde, Wasser, Luft und Feuer – ist ein hoch komplizierter Prozess, der hier eine ungewöhnliche Heimstatt fand.

Seit 1986 wurden Stipendien vergeben, an zehn junge Keramiker, die zwei bis drei Jahre hier wohnten und arbeiteten. 2012 werden Werke von ihnen gemeinsam präsentiert, wie es im Katalog der Dauerausstellung heißt: »Ein aufschlussreiches Nebeneinander der möglichen Definitionen der Kunstkeramik, vom traditionellen Deckelgefäß bis zum konzeptuellen Ansatz, vom Diskurs des Unikats bis zur seriellen Reihung, von strenger Form bis zu hintergründigem Witz – vom Kunsthandwerk zum Design zur Kunst.« Stimmt, und was sich so hochgestochen anhört, ist ein großes Vergnügen an der Vielfalt, die aus einem simplen Klumpen Ton entstehen kann. Die Einrichtung ist in dieser Form einzigartig in Deutschland.

Die zehnte Stipendiatin, Danijela Pivašević-Tenner, entwickelte ein neues Konzept. Seither gibt es ein Artist-in-Residence-Programm, bei dem alljährlich zehn junge internationale Künstler für je einen Monat zum Wohnen und Arbeiten eingeladen werden.

Man soll sich nun nichts Großartiges vorstellen – der Raum für die Ausstellung ist klein, dahinter folgen Werkstatt und Brennöfen. Und eine kleine Wiese für Feste im Sommer. Doch das Besondere dieser Handarbeiten, die Begeisterung für diese Form menschlicher Ausdrucksfähigkeit ist zu spüren, nicht zuletzt im Gespräch mit der Leiterin Pivašević. Ein verspielt-mehrteiliges Objekt von ihr ist hier abgebildet, lauter Gefäße, die wie geschmolzen aussehen, edle weiße Vasen, die für Blumen und Wasser unbrauchbar sind, aber als bewegliche Installation anrühren und zum Nachdenken über Form und Nutzen anregen.

Adresse Fürsthof 8, 24534 Neumünster | Anfahrt Dies ist eine Gasse, die in der Stadtmitte östlich vom Großflecken abgeht. | Öffnungszeiten Di – Fr 14 – 16 Uhr, Sa 10 – 12 Uhr und nach Vereinbarung, Mail info@stadttoepferei.de | Tipp Nicht weit, im Dorf Kellinghusen, gibt es neuerdings ein Fayencen- und Keramikmuseum, an der B 206 von Neumünster nach Itzehoe.

68_Das Textilmuseum

Ein sinnliches Gedächtnis von Mensch und Arbeit

Seit 1.500 Jahren wird in Neumünster Tuch gewebt. Ende des 19. Jahrhunderts war dies das Manchester von Holstein. Die Nazis griffen die Tradition auf und beschäftigten hier Tausende von Zwangsarbeitern, die in 50 Lagern lebten und Uniformen, Decken und Tarnnetze produzierten. Dann ging es schnell bergab, 1991 wurde die letzte Fabrik geschlossen.

Ein mächtiger Neubau mit riesiger Halle und Glasfassade beherbergt heute eine beeindruckende Sammlung. Und die Arbeit der Neumünsteraner Spinner, Weber und Tuchmacher bleibt in diesem großartigen »Museum für alle Sinne« voller Gerätschaften und Maschinen nicht abstrakt. Profis wie Hannes Jürgens lassen sie lebendig werden. Er absolvierte in den 60ern die Neumünsteraner Meisterschule als Tuchmacher, und man merkt ihm die Liebe zum Beruf an, wenn er dem Besucher die Riesenmaschinen vorführt und erklärt, wie die Wollhaare ausgerichtet werden, wenn er vom Dreikrempelsatz und dem Selfaktor zum Spinnen des Vorgarns berichtet. Eine Handwebmeisterin stellt Gewebe für den Museumsladen her und zeigt, wie ein Webstuhl funktioniert. Schließlich können die Besucher an Webstühlen und mit Laborexperimenten ganz sinnlich selbst ihre Erfahrungen machen. Es gibt historische Lehrfilme an Medienstationen, vielerlei Veranstaltungen und Kurse halten die alten Techniken lebendig. Diese Sammlung, deren Schwerpunkt auf dem Verhältnis Mensch und Technik liegt, beginnt mit der vor- und frühzeitlichen Entwicklung in Skandinavien; es wurden aus Moorfunden die Webtechniken für bronze- und eisenzeitliche Kleidung rekonstruiert. Und die Entwicklung im Mittelalter nimmt breiten Raum ein.

Welche Rolle die Weber – deren Aufstand von Gerhart Hauptmann so anschaulich geschildert wurde – einst spielten, kann man sich heute kaum vorstellen. Umso verdienstvoller ist der Einsatz des Museumsvereins für dieses historische Erbe, das kulturelle Gedächtnis der Stadt.

Adresse Museum Tuch und Technik, Kleinflecken 1, 24534 Neumünster | **Anfahrt** Von Hamburg die A 7 65 Kilometer nach Norden. Das Museum liegt neben der Stadthalle, in der der Eingang ist, dann geht's über eine Brücke hinüber. | **Öffnungszeiten** Di – Fr 9 – 17 Uhr, Sa, So 10 – 17 Uhr, Maschinenvorführungen Di – Fr 11 und 15 Uhr, Sa, So 13 und 15 Uhr | **Tipp** In Bad Segeberg liegt die private Wollspinnerei Blunck mit uralten Gebäuden und Maschinen (Kurhausstraße 36). Auf der Krempelmaschine wird Wollflor hergestellt, auf dem Selfaktor mit 320 Spindeln wird Wolle zu Garn gesponnen.

69 Die Blaudruckmanufaktur

Von Modeln und vielen blauen Wundern

Wer ein blaues Wunder erleben will, muss von der Innenstadt durchs beeindruckende Kremper Tor mit seinem Treppengiebel gehen. Linker Hand sieht man der chemischen Reinigung von außen nicht an, dass hier in sechster Generation die einzige Blaudruckerei Norddeutschlands hinreißende Muster auf Decken und Vorhänge, Tücher und Kleidungsstücke prägt. Der Schatz des Betriebs sind 500 Modeln (sprich: Moodeln), das sind die Druckstöcke, viele über 100 Jahre alt; manche aus Holz geschnitzt, die meisten bilden die Muster durch kleine, ins Holz eingelassene Messingstifte.

Beim Direktdruck werden sie in Farbe getunkt, absolut präzise auf den Stoff gesetzt – korrigieren geht nicht – und mit einem Hammerschlag angedrückt. Beim Blaudruckverfahren wird der in der hauseigenen Färberei indigoblau gefärbte Leinenstoff mit farbabweisendem Papp auf den Modeln bedruckt – einer Abdeckmasse nach einem Geheimrezept. Wenn der Papp im Entwicklungsbad entfernt wird, kommt das »Ursprungsweiß« des Leinens zum Vorschein: Tiere und Stadtansichten, Menschen und Wappen, Blumen und Linienmuster in allen erdenklichen Formen. Dieses aufwendige Vorgehen nennt man Ätzdruckverfahren.

Mit welcher Technik auch immer – sogar Computersteuerung ist möglich –, diese Manufaktur hat sich als eine der letzten Färbereien in Deutschland auf persönliche Wünsche der Kunden spezialisiert. Auch bunt geht alles, auf allen erdenklichen Materialien, vom Firmenlogo auf Leinen bis zum Abend- oder Brautkleid. Klaus Koch-Sülzen hat den Betrieb von der Familie seiner Frau Ilka Koch übernommen. Gemeinsam haben sie neben der Blaudruckerei, der Färberei und dem Reinigungsbetrieb auch noch eine Werk-Kunstschule eingerichtet. Das volle Programm also. Ob sie auch mal blaumachen? Die Wendung stammt tatsächlich aus dem Färbereihandwerk, da montags der angesetzte Farbstoff ruhte und der Färber frei hatte – also blau machte.

Adresse J. H. Koch, Vor dem Kremper Tor 11, 23730 Neustadt | **Anfahrt** Von Lübeck über die A 1, Abfahrt Neustadt. Vom Marktplatz in der Stadtmitte führt die Kremper Straße durchs Tor, www.jhkoch.de. | **Öffnungszeiten** Mo – Fr 9 – 12 und 15 – 18 Uhr | **Tipp** Gegenüber von Koch liegt die kleine Töpferei von Angela Christiansen – jede Wette: Hier findet jeder was für sich zu Hause, und sei's nur ein bezauberndes Marmeladentöpfchen.

70__Der schönste Hafen

Lebendiges Kino vor filmreifer Kulisse

Als die Schauenburger Grafen der freien Reichsstadt Lübeck mit einem Hafen Konkurrenz machen wollten, gründeten sie hier 1226, am Ausfluss eines Sees – dem Großen Binnenwasser –, eine neue Siedlung, die schon 1244 das Stadtrecht bekam. Der Hafen von Kiel folgte erst später. Zweifellos ist der Neustädter Hafen der liebenswürdigste weit und breit, mit alten Segelschiffen, geschichtsträchtigen Gebäuden, einem eindrucksvollen Pagodenspeicher am Hafeneingang, Kaufmannshäusern und verwinkelten Kopfsteinsträßchen. Besonders eindrucksvoll ist am Ende einer Fußgängerstraße das Kremper Tor – das einzige in Holstein erhaltene mittelalterliche Stadttor – mit seinem Stufengiebel und den weißen Einlassungen im Backstein, in dem Teile des Ostholstein-Museums untergebracht sind.

Stundenlang kann man hier dem Getriebe von Stadt und Hafen zuschauen. Eine Brücke (mit ewigem Autostau) ist das Nadelöhr des Ortes, davor liegt das schiefe Brückengeldeinnehmerhaus, an dem bis 1930 der Zoll »für Mensch, Vieh und Fuhrwerk« eingetrieben wurde. In seinem Amtsgebäude am weitläufigen natürlichen Hafen residiert das Fischeramt seit 1474 – die älteste Fischerinnung Deutschlands. Morgens gibt's an der Ostseite frischen Fisch direkt vom Kutter. An der Westseite der Hafenanlagen, die früher wesentlich dem Getreidehandel dienten, werden Gebrauchtwagen auf teils abenteuerlich rostige Schiffe aus dem Baltikum verladen. Über den Jungfernstieg geht's zum beschaulichen Yachthafen. Und vom Neustädter Hausstrand Pelzerhaken, früher Pölitz, kann man staunend den Schiffen zuschauen; hier schrieb Kitschdichter Hermann Löns 1913 seine Novelle »Seehund«.

Das Kreuzfahrtschiff »Deutschland« der Fernsehserie »Traumschiff« stammt aus der – derzeit insolventen – Neustädter Reederei für Luxusschiffe Peter Deilmann. Und in der filmreifen Neustädter Kulisse wird die TV-Serie »Küstenwache« gedreht.

Adresse 23730 Neustadt | **Anfahrt** Lübeck A 1 Richtung Fehmarn, Abfahrt Neustadt | **Tipp** Die Baltic Pirates in Neustadt (Wagrienring 20) bieten einen besonderen Kitzel: Fahren mit Highspeed-Schlauchbooten mit Geschwindigkeiten bis zu 100 Stundenkilometern! So wird die Lübecker Bucht zum Abenteuerspielplatz.

71_Der Pony-Park

Endlich mal ohne die Nervensägen

Mit 150 Haflingern und 80 Shetlandponys, außerdem Mini-Shettys sowie kleinen Shetland- und Dartmoorpony-Herden, gehört dieser Ferienhof zu den besten Möglichkeiten für Eltern, ihren Nachwuchs – sowohl behütet wie sinnvoll und natürlich beschäftigt – abzuliefern: Klein und Groß sind sich gegenseitig endlich mal los.

Dies ist außerdem Deutschlands größte Haflinger-Zucht (mit kleineren Ablegern in Spanien, im Allgäu und hinterm Nordseedeich), es werden im Frühjahr jährlich bis zu 100 Fohlen geboren – für die Ferienkinder ein grandioses Erlebnis. Und jedes Kind bekommt ein »eigenes« Pferd und kann ohne Extrakosten in den Hallen und draußen beliebig lange reiten – auch in den See inmitten der Anlage, der, mit Strand, natürlich auch zum Schwimmen da ist.

Es gehören Reiterprüfungen zum Angebot, Pferdeschauen und Kutschfahrten, Pferdefußball und Polo – und auch jenseits der Pferde wird eine Menge geboten: Lagerfeuer und Geländespiele, Fische fangen und brutzeln, Ausflüge und Abendprogramme. Und die Fülle der Tiere ist fast wie im Zoo: von Alpakas über Esel bis zu Schafen und Ziegen, natürlich Hunden und Katzen, auch Pfauen und Kleintieren. Es gibt sogar zwei Kamele, die auch geritten werden. Und all der tierische Nachwuchs bekommt von den Kindern seine Namen verliehen.

Neu ist das Reiten auf der »Wilden Hilde«, dem zurzeit wohl einzigen Haflinger-Rodeopferd der Welt, für das ein eigener Tribünenraum gebaut wurde, sowie eine Segway-Bahn in einer Halle. Gewohnt wird in Blockhäusern, die Gäste kommen aus der ganzen Welt und leben in familiären Gruppen von fünf bis sieben Personen. Der Betreiber Wolfgang Kreikenbohm (einst Präsident des FC St. Pauli) ist stolz, dass sein Hof dreimal Ponyhof des Jahres war und in einem französischen Buch über 100 Ponyhöfe in Europa als bester und einziger vier Hufeisen verliehen bekam.

Adresse 24634 Padenstedt | **Anfahrt** A 7 Neumünster-Mitte, Richtung Hohenweststedt, nach 2 Kilometern links ausgeschildert | **Öffnungszeiten** Bürozeiten Mo–Fr 9–13 und 14–18 Uhr | **Tipp** Natürlich gibt's in dieser Ferienregion zahlreiche Reiterhöfe. Unweit der Ostsee liegen die Reitschule Lütt Piergorn in Dahme und der schicke Landsitz Evershof in Travemünde.

72 Der Planetenpfad

Wir sind ein Tüdelchen im Universum

Mit zehnfacher Lichtgeschwindigkeit bewegt sich der Spaziergänger auf diesem ungewöhnlichen Naturlehrpfad, ein Meter entspricht zwei Millionen Kilometern am Himmel: Unser Sonnensystem wird hier im Maßstab von 1:2 Milliarden verkleinert dargestellt.

Naturgemäß in der Mitte ist die Sonne – sie steht auf drei Beinen in vier Meter Höhe auf der Marktbrücke. »Mein Vater Erklärt Mir Jeden Sonntag Unseren Nachthimmel«: Das ist der Merksatz für die Reihenfolge der Planeten: Merkur – Venus – Erde – Mars – Jupiter – Saturn – Uranus – Neptun.

Von der Sonne zum Merkur sind es 30 Meter, knapp 75 Meter bis zur Erde, 390 Meter Luftlinie bis zum größten Planeten, dem Jupiter, und bis zum Neptun auf der Prinzeninsel sind es insgesamt 2,6 Kilometer. Unterwegs informieren Schautafeln über die Himmelskörper. Die großen Gasplaneten werden maßstabsgerecht mit geschliffenen Gläsern dargestellt. Von beinahe jedem Planetenstandort aus ist die Modellsonne zu sehen; ist es vorstellbar, dass das Sonnenlicht bis zum Saturn fast 80 Minuten braucht? Da kommt man schon ins Grübeln über unsere menschliche Wichtigtuerei angesichts der schieren Größe des Universums, das sich seit dem Urknall vor knapp 14 Milliarden Jahren immer weiter ausdehnt. Kann man es »begreifen«, dass unsere winzige Erde ein Tüdelchen von 100 Milliarden Sternen in der Milchstraße ist und diese eine Galaxie von wiederum 100 Milliarden?

An der Spitze der Prinzeninsel war der Lieblingsplatz der letzten Kaiserin, Auguste Viktoria. Der Weg hierher ist auch ohne Planeten reizvoll. An der Westseite gibt es ein Freibad – hier lernten die Söhne der Hohenzollern schwimmen. Im Inselhaus wird eine informative Ausstellung der Natur- und Vogelschutz-Bünde gezeigt. Und nach einem Imbiss im Restaurant in einem Fachwerk-Bauernhaus aus dem 17. Jahrhundert kann man bequem mit dem Motorboot nach Plön zurückfahren.

Adresse 24306 Plön (Material gibt's im Tourist-Info im Bahnhof) | **Anfahrt** Von Kiel und Lübeck die B 76 nach Plön. Die Marktbrücke mit der Sonne ist beim Zentrum. | **Tipp** Unbedingt lohnt ein Besuch der Alten Schlossgärtnerei (Schlossgebiet 9a), in der überwiegend Kräuter und alte Gemüsespezialitäten gezüchtet werden. Mit Café und traumhaftem Blick über den See.

73__Die Seen-Rundfahrten

Mach mal Pause: Wasser und Natur satt

Schon im 13. Jahrhundert war hier eine Zollstation, um den Reisenden das Geld »aus der Tasche zu fegen«; und nebenbei betrieb der Zöllner einen Ausschank. Dafür ist die Lage ideal, denn wer von der Lübecker Bucht nach Kiel muss, kommt zwangsläufig hier vorbei, an dieser Landenge, die sich für einen Schlagbaum an der einzigen Straße und der Brücke über die Schwentine natürlich anbietet. Der letzte Pächter mit dem schönen Namen Lütjohann wurde mit 200 Talern für entgangene Einnahmen entschädigt, als 1838 die Zölle zwischen den Herzogtümern aufgehoben wurden.

Restaurant und Hotel blieben an dem niedlichen kleinen Edebergsee, wo seit über 100 Jahren die Fünf-Seen-Fahrt nach Osten startet und, gegenüber von der B 76, die Große Plöner-See-Rundfahrt Station macht. Jenseits vom Straßenlärm, gemütlich und faul an Bord, bekommt man vom Wasser aus einen unvermittelten Eindruck von der reizvollen Moränenlandschaft. »Schippern – eten – drinken« ist das Motto der Ausflugsschiffe, die über den Höft-, Behler-, Langen- und Dieksee zwölf Kilometer bis Bad Malente fahren. Und man kann unterwegs Pause machen – vielleicht um am Anleger in Niederkleveez im Fährhaus-Restaurant mit dem so friedlichen Seeblick dessen besondere Küche auszuprobieren. Am Ufer steht, von einem befreundeten Künstler in Metall geschnitten, ein Gedicht von Hans-Ulrich Möhring, worin der Dieksee die Ozeane grüßt.

Der größte See in Schleswig-Holstein – der Große Plöner – gehört mit seinen 30 Inseln und den zig Wasservögeln sicherlich zu den schönsten Deutschlands. Radfahrer nehmen von der Fegetasche gern das Schiff bis zum so liebenswürdigen Bosau (s. Seite 70), um zurückzuradeln und eine Strecke zu sparen. Hier in der Gegend wohnt Jil Sander auf ihrem Hof – sie weiß, wo's besonders schön ist. Die große Ausflugstour geht von Bosau über Dersau, Ascheberg und die Prinzeninsel nach Plön.

Adresse Fegetasche 1, 24306 Plön, www.5-seen-fahrt.de | **Anfahrt** von Kiel hinter Plön an der B 76 | **Öffnungszeiten** Fahrtzeiten auf der Homepage | **Tipp** Hier am Plöner See gibt es einen längeren Strand mit Minigolf, Boule und Beachvolleyball – und um die Ecke, am Höftsee, ist der Sitz des Wassersportvereins für Kanadiertouren und Kajakfreunde.

74__Die Sirius-Werft

Von Träumen, die man kaufen kann

Na, Bedürfnis nach einer Yacht? Sind grade ein paar Hunderttausend übrig? Für individuelle Extras braucht's noch etwas mehr, um sich sein persönliches Schmuckstück bauen zu lassen. Secondhand-Yachten gibt's schon für gut 100.000 Euro. Oder muss der ältere Schatz renoviert werden? Auch das geht in dieser stolzen Werft, die nebenbei eine »Schönheitsfarm für Boote« ist. Nun ist eine Werft ja kein übliches Besichtigungsziel; ohne Kaufinteresse sollte man nicht auftauchen.

Die Sirius, nach dem seit Jahrzehnten hier immer weiterentwickelten Yacht-Typ benannt, ist einmalig und verführt zum Träumen. Das Bootskonzept hat einen erhöhten Salon mit viel Sicht und Licht und einem Innensteuerstand – da sind die Konkurrenten doch nur Kellerschiffe. Jedes Detail wird millimetergenau von Hand gefertigt, die Holzarbeiten sind zum Staunen. Viel klassisches Mahagoni, auch Ahorn. Gerne kommen zwischendurch die zukünftigen Besitzer zum Bewundern ihres »Kindes« und mit allerlei Sonderwünschen; so wird jedes Boot zum Individuum. Von den fast 60 Mitarbeitern sind 20 Lehrlinge; viele kommen über die Lust am Surfen und Segeln zum Beruf. Klar, dass Bootsbauer etwas Besonderes sind; im Vergleich zum Tischler etwa, der überwiegend Fenster und Türen baut, ist die Arbeit ungleich vielschichtiger, auch mit Kunststoff und Metall. Das Kasko – Rumpf und Deck – wird fertig geliefert, in Plön folgt der monatelange Innenausbau, von den Schotten bis zur Pantry, mit Technik und Beschlägen.

Torsten Schmidt, der den Betrieb vom Vater übernahm, ist besonders stolz auf das als Raumwunder gepriesene Konzept mit schicken, oft cremefarbenen Salons, von der Dusche bis zu Eigner- und Vorschiffskoje. Die etwa 15 Boote jährlich – drei sind gleichzeitig in Arbeit, 31 bis 40 Fuß – werden bis nach Japan und Hongkong, USA, natürlich Skandinavien und auch an Eigner von den Schweizer Seen verkauft.

Adresse Ascheberger Straße 68, 24306 Plön | **Anfahrt** von Plön die B 430 nach Westen, links ausgeschildert, neben der Jugendherberge | **Öffnungszeiten** nur nach Anmeldung über info@sirius-werft.de | **Tipp** Unweit, Richtung Plön, liegt an der Straße der »Stofftiergarten«, wo es nicht nur alle üblichen Tiere gibt, allesamt besonders naturgetreu, sondern auch Ausgefallenes wie Leguane, Spinnen, einen Wombat und besonders schöne Hühner.

75 Das Damenstift

Von Nonnen, Rittern und Wildspezialitäten

Vor über 900 Jahren gegründet, wurde dieses Kloster durch Stiftungen das reichste und mächtigste im Land: Außer den gewaltigen Ländereien unterstanden ihm 40 Dörfer, die allesamt den Zehnten abliefern mussten, darunter die gesamte Propstei. Porez (später Preetz) gehörte bis 1870 zum Kloster. Die Zahl der Nonnen war auf 70 beschränkt – in den Kriegswirren 1437 verbot ihnen der Lübecker Bischofsvikar unter Androhung der Exkommunikation den Umgang mit Männern. »Ora et labora« (bete und arbeite) war das Motto der Benediktinerinnen. Nachdem der Kirchenbesitz in der Reformationszeit enteignet worden war, übernahm die Ritterschaft dieses und drei weitere Klöster vom dänischen König und wandelte sie in Damenstifte um. Hier wurden und werden ihre unverheirateten Töchter als Konventualinnen versorgt, die längst keine Nonnen mehr sind. Der Klostervorstand – Propst und Priörin, auf zehn Jahre gewählt – führt treuhänderisch für die Ritterschaft das Kloster wie ein mittelständisches Unternehmen.

Rund um die mächtige Klosterkirche sind auf dem Lageplan 26 Häuser verzeichnet, wovon einst ein Dutzend von den Adelsfamilien für ihre Töchter gebaut wurde. Die Eiche vor der Kirche ist etwa ein halbes Jahrtausend alt. Das prächtige gotische Chorgestühl für die 70 Nonnen, die großartigen Familienlogen und der barocke Hochaltar sind so einmalig wie die gesamte denkmalgeschützte Anlage.

Außer Immobilien, die vermietet werden, gehören 1.600 Hektar Land und Wald dazu, die aktiv bewirtschaftet werden. Zum Einkommen für den aufwendigen Unterhalt tragen auch die vielfältigen Wildspezialitäten aus der Klosterschlachterei bei, und ein Förderverein vermarktet Klostersekt, -secco und -honig, um zur Pflege der Kunstschätze beizutragen. »Die letzte große Baustelle« ist die aufwendige Restaurierung einer Bilderbibel – ein Gemäldezyklus von 139 Bildern aus dem 17. Jahrhundert.

Adresse Klosterhof 5, 24211 Preetz | Anfahrt von Kiel die B 76 nach Süden, mitten in der Stadt | Öffnungszeiten Termine vereinbaren über adeligesklosterpreetz@t-online.de | Tipp Der mächtige Klosterforst an der Kieler Stadtgrenze, von Bächen durchzogen, dessen Buchen-, Bruch- und Auwälder (Eschen und Erlen) besonders geschützt werden, ist ein liebenswertes Ausflugsgebiet.

76_Das Kanucenter

Eine Familie schafft – und weiß, wofür

Auffallend ist die Vielfalt des Angebots – offensichtlich wollen die Betreiber buchstäblich alles bieten: Restaurant und Camping und zusätzlich zum Bootsverleih kombinierte Rad- und Reit- und Wander-Touren. Dann fällt der Blick auf die Liste des Teams: Rüdiger, Claudia, Yvonne und Tim heißen allesamt Laas mit Nachnamen. Und im Gespräch zeigt sich: Dies ist durch und durch ein Familienbetrieb, außer ökonomischem Kalkül stecken viel Liebe und Leidenschaft in diesem Unternehmen.

Rüdiger, gelernter Koch und Konditor, pachtete Mitte der 80er mit seiner Frau Claudia den »Naturcamping Spitzenort« in Plön. So heißt der wirklich. Damals gründeten die beiden Aktivisten den Verein Kanutouristik. 1994 starteten sie dann neu, hier in Preetz, mit vier Booten, nun sind es über 100. 2003, als klar wurde, dass die Tochter den Betrieb mal übernehmen wird, gingen sie das Risiko ein und kauften das Ganze. Claudia – »sie hat das Steuer in der Hand« – ist Restaurantfachfrau, und Tochter Yvonne fuhr einst als Hotelfachfrau auf der MS Europa zur See. Schwiegersohn Tim ist praktischerweise Tischler, »Handwerker durch und durch«. Im Sommer muss die Familientruppe den Lebensunterhalt fürs ganze Jahr verdienen. Im Winter wird erweitert und erneuert, gebaut und renoviert, was das Zeug hält. So entstand der Campingplatz mit Zelt- und Wohnwagenvermietung. Vater und Schwiegersohn restaurierten und zimmerten auch einen Bauwagen frei nach Peter Lustig. Und sie bauten voller Ehrgeiz ein super Toilettenhaus. Das Ziel ist die Aufnahme in die Fünf-Sterne-Kategorie und die Selbstversorgung mit Energie.

Als am Vatertag auf dem Wanderweg eine grölende Gruppe mit hämmernder Musik vom Bollerwagen an der belebten Terrasse vorbeizog, schaute Rüdiger Laas so missbilligend wie leidend und meinte: »Wir haben, nach schauderhaften Erlebnissen, Alkohol auf den Booten untersagt. Wer's übertreiben will – bitte anderswo.«

Adresse Kahlbrook 25a, 24211 Preetz, Tel. 04342/309549 | **Anfahrt** von der B 76 die Plöner Landstraße nach Preetz, in Schellhorn links ab steht ein Schild | **Öffnungszeiten** Bootsvermietung Mai–Sept. täglich 10–19 Uhr, außerhalb der Saison nach Vereinbarung | **Tipp** Laut Rüdiger Laas ist die wenig befahrene Obere Eider zum Paddeln ganz besonders urig-schön – zum Beispiel 19 Kilometer von Flintbek.

77 Die Schusteracht

Per Rad und per pedes, per Pferd und per Boot

Vor 150 Jahren gab's in der »Schusterstadt Preetz« noch 160 Schuhmachermeister mit 360 Gesellen und 160 Lehrlingen. Und weil das Wegenetz, ausgehend vom Markt, die Form einer Acht hat, erfanden die Bürger den Verein »Natur- und Erlebnisraum Schusteracht« als pfiffigen Werbebegriff. Informationstafeln und 13 Rasthütten finden sich an der lila beschilderten Route. Wanderer, Fahrradfahrer und zunehmend Reiter nutzen diese nördlich 31 und südlich 33 Kilometer langen Wege in der abwechslungsreichen Landschaft mit Dörfern, Gutshöfen, Parks und Seen. Der Name Preetz stammt von slawisch »po rece« = am Fluss.

Gut Rastorf an der Nordschleife, die einheitlichste Hofanlage des späten Barock, im 13. Jahrhundert von Rittern begründet, brannte nieder und wurde vor 300 Jahren neu aufgebaut. Die Scheunen und Ställe aus rotem Backstein mit geschweiften Giebeln und weißen Verzierungen sind einmalig, und die angrenzenden Feucht- und Nasswiesen im Tal der Schwentine gehören zu den artenreichsten Lebensräumen in Schleswig-Holstein. Flussabwärts staut die einzige Talsperre des Landes die Schwentine zum Rosensee; die zwei über 100 Jahre alten Wasserkraftwerke stehen unter Denkmalschutz. An der Südschleife liegt Gut Wahlstorf am Lanker See. Das Herrenhaus war einst eine Wasserburg; das Ensemble ist eins der ältesten in kaum verändertem mittelalterlichen Baustil.

Fast 100 Kilometer lang sind die sechs Rundreitwege der Schusteracht, die durch ehrenamtliche Leistung gepflegt und für deren Unterhalt jährliche Vignetten verkauft werden. Eine Freizeitkarte führt durch Kulturelles und Kulinarisches der Schusteracht. Und ein Heft für den »Schustergang« leitet – ebenso wie Messingfliesen im Pflaster – an den Preetzer Sehenswürdigkeiten entlang. Übrigens wurden hier die weltweit üblichen »eingedrehten Stollen« für den Fußballschuh erfunden. Holzschuhe wurden besonders beim Torfstechen und Deichbau getragen – im Garten sind sie Gold wert.

Adresse Tourist-Info, Mühlenstraße 9, 24211 Preetz | **Anfahrt** B 76 nach Preetz, im Ort gut ausgeschildert | **Tipp** Auch Angeln und Bootfahren gehören im Gebiet der Schusteracht zum Angebot – die Angelkarten und Informationen gibt's ebenfalls in der Info. Es lohnt ganz besonders ein Besuch bei dem liebenswürdigen Lorenz Hamann in seinem Holzschuhmuseum – dem letzten Holzschuhmacher, der viel zu erzählen hat, während er Maß nimmt.

78_Schloss Hagen

Barocke Wandgemälde und stolze Bauern

Dieses »Schloss« wird schon lange so genannt, wie so viele mächtige Herrenhäuser. Doch ohne königliche oder fürstliche Familien und ihre Herrschaft über die Region kann es noch so »schlossig« aussehen, es ist keins. (Nur Plön und Eutin haben in der Region ein veritables »Schloss«.) Dieser bald 400 Jahre alte Sitz der Familien Blome und von Pogwisch, eine Dreiflügelanlage mit beherrschendem Mittelturm, wirkt von außen nicht prunkvoll, sondern hat eine machtvolle wehrhafte Strenge – innen jedoch ist es durchaus »barockig«, mit Kaminsaal, der historischen Stuckdecke im Blome-Zimmer und dem Höhepunkt, dem Pogwisch-Zimmer, dessen 300 Jahre alte barocke Wandmalereien in Stuccolustrotechnik – vor ein paar Jahren aufwendig restauriert – hier im Norden einzigartig sind.

Im Krieg ein Lazarett, bis 1969 Volksschule, ist Schloss Hagen seither ein Kulturzentrum der Gemeinde; Teile sind auch privat vermietet. »Historie und Moderne sind im Einklang«, steht draußen geschrieben. Beeindruckend sind in diesem Trutzbau auch die Gewölbe-, Wein-, Archäologen-, Küchen- und Künstler-Keller. Eigentümer ist ein Förderverein, der – wie so viele von Bürgern getragene Vereinigungen – mit ehrenamtlichem Einsatz für die Erhaltung und die Verlebendigung von Geschichte kämpft.

Im Dorf gibt's ein einmaliges, 2.000 Quadratmeter großes Heckenlabyrinth. Und an dem drei Kilometer langen historischen Pfad zum früheren Handwerkerdorf zeigen 22 Tafeln Wassermühle, Meierei, Gärtnerei und Bilder der ehemaligen Gutsanlage und berichten von der Probsteierhagener Geschichte. Die stolzen Bauern in diesem nördlichen Teil des Kreises Plön, den vor 800 Jahren der Schauburger Graf Adolf IV. den Benediktinerinnen vom Kloster Preetz für die Christianisierung schenkte, waren nicht Leibeigene wie die Bauern der umliegenden Gutschaften. Sie hatten dem Kloster weniger Abgaben und Dienste zu leisten; auch dadurch war die Probstei wohlhabend und eigenständig.

Adresse Schlossstraße 16, 24253 Probsteierhagen | **Anfahrt** von Kiel die B 502 Richtung Schönberg, noch in der Stadt in Dietrichsdorf rechts auf die L 50 | **Öffnungszeiten** Termin vereinbaren unter schloss-hagen@web.de | **Tipp** Unweit, im Backhaus in Passade, Dörpstraat 11, wird in der hauseigenen Mühle ausschließlich ökologisches Getreide gemahlen und mit besonders aufbereitetem Wasser zu Bio-Broten verbacken – und alles dem neugierigen Besucher in einem Backstubenrundgang vorgeführt.

79_Das Biker-Rasthaus

Satter Sound von mächtigen Maschinen

Auf diesem großen Parkplatz an einer Straßenkreuzung mitten im Wald geht sonntags die Post ab – dann treffen sich Hunderte von Bikern. Das Dröhnen und Röhren klingt martialisch, man hört den satten Sound vieler Harleys raus, doch dies ist ein friedlicher Treff der Motorradfans mit allen erdenklichen Maschinen. Nebenbei und selbstverständlich: Alkohol trinkt hier niemand.

Als Faycal Khedri vor 14 Jahren eröffnete, gab es noch nichts dergleichen; wenn jetzt mal 500 oder auch 1.000 Maschinen vor seinem Gasthaus stehen, ist er natürlich stolz drauf. Wie seine Frau Frauke, die hinterm Tresen für Dampf sorgt, begrüßt er zahlreiche Gäste per Handschlag. Faycal fährt selbst Motorrad, er versteht sich als Kumpel seiner Gäste aus allen Gesellschaftsschichten und Altersstufen. Auch immer mehr selbst fahrende Damen gehören zur Stammkundschaft, »von 20 bis 80«.

Auf dem Platz geht's um Gott und die Welt, Fußball und Politik – vor allem wird aber über den Bock und den Hobel gefachsimpelt, vom Navi-Halter bis zur E-Bike-Zukunft, vom 2- bis 8- und dem seltenen 5-Zylinder. Über Drag Bike und Ratbike. Und die Popülarkultur von Easy Rider bis zum Hells Angel Sonny Barger. Hier an't Krüz werden Maschinen verkauft und Teile getauscht; die Pinnwand ist übervoll. Viele treffen sich auch bei den Harley Days in Hamburg unter den 10.000 Bikern in der über 40 Kilometer langen Parade wieder. Oder sie kennen sich vom Spezialtreff amerikanischer Maschinen Ende August in Burg auf Fehmarn. Das Gelände gehört den Grafen Rantzau, ein uradliges Rittergeschlecht, dessen Clan noch heute eine ganze Reihe alter Güter und Herrenhäuser in Schleswig-Holstein besitzt.

Und längst haben Faycal und Frauke noch draufgesattelt, jeden Samstag gibt's einen Oldtimer-Treff, aus dem Stand erfolgreich – er wirkt wie ein lebendiges Automuseum zum Klönen und Fachsimpeln.

Adresse Rastorfer Kreuz 1, 24211 Rastorf | **Anfahrt** südlich von Kiel von der B 76 die B 202 Richtung Lütjenburg 4 Kilometer | **Öffnungszeiten** April–Okt. Mo–Fr 8–22 Uhr, Sa 12–22 Uhr, So 9–18 Uhr, Nov.–März Mo–Fr 8–19 Uhr, So 9–18 Uhr | **Tipp** Es lohnt der Zehn-Minuten-Spaziergang zum Gut der Rantzaus mit gewaltigem Torhaus und mächtigen Scheunen, der schönsten Hofanlage des späten Barock, seit unvorstellbaren 650 Jahren im Besitz der Familie.

80 Die Seeadlerstation

Leckerste Nahrung für die großartigsten Vögel

Von März bis Juli werden die mächtigen Horste der Seeadler, in Norddeutschland vorwiegend in Rotbuchen, rund um die Uhr von freiwilligen Helfern bewacht – jeder kann mitmachen, meist eine oder zwei Wochen zu zweit. Viele kommen jahrelang immer wieder, um »ihre« Adler zu beschützen – vor Eierdieben, unvorsichtigen Spaziergängern oder Idioten, die sich nicht an die Sperrschilder halten – und um alles zu notieren und mit leistungsfähigen Ferngläsern dem Nachwuchs aus ein bis drei Eiern in der Kinderstube zuzuschauen.

Etwa drei Dutzend der deutschen Wappenvögel siedeln in der wasserreichen Endmoränenlandschaft der Kreise Plön und Ostholstein. Ausgewachsene Adler sind braun mit Pigmentierungen und dem charakteristischen Gelb des Fangs und der Augen; die Flügelspannweite reicht bis zu zweieinhalb Metern, die Weibchen sind deutlich größer als ihre Partner.

Im Sommer werden eher Fische wie Brasse, Plötze und Karpfen im Vorbeiflug aus dem Wasser gegriffen, im Winter stehen mehr Wasservögel, vor allem Blesshühner, und auch mal 'ne Ente oder ein Gänschen, auf der Speisekarte. Junge, angeschossene oder kranke Vögel sind leichte Beute, und Eislöcher sind oft mit Wasservögeln reich gedeckt. Der Nachwuchs aus Nestern von Kormoranen oder Graureihern ist lecker, und gerne wird einem Fischadler die Beute abgejagt. Immer aber – und besonders im Winter – mögen Seeadler Aas aller Art, von toten Fischen bis zu den Resten von durch die Eisenbahn erlegten Tieren und zurückgelassenen Innereien oder verlorenen Kadavern von Rot- oder Schwarzwild, die von der Jagd übrig bleiben. Schon ein einziger Splitter aus bleihaltiger Munition kann für einen Seeadler tödlich sein – bis zu einem Drittel der verendeten Vögel starben an Bleivergiftung. So ist es völlig unverständlich, dass nicht ausschließlich mit bleifreier Munition gejagt wird, denn längst ist bewiesen, dass ihre Wirkung absolut gleich ist.

Adresse am Ortseingang von 24306 Rathjensdorf | Anfahrt zur Station B 430 Plön Richtung Lütjenburg, links Richtung Lebrade, links das Auto am Ortseingang Rathjensdorf abstellen, zu Fuß durch den kleinen Schulwald | Öffnungszeiten Anmeldung als Helfer bei Volker Latendorf, Tel. 0171/9206566 | Tipp Die zweite öffentliche Beobachtungsstation der Region liegt bei Barsbek in der Probstei. Und die Vogelpflegestation für kranke Seeadler ist im Wildpark Eekholt.

81 Hof Viehbrook

Protestschweine, Theater und Eheglück

Es nennt sich Kultur-, Bildungs- und Erlebniszentrum, ist Landeskulturdenkmal, wurde mehrfach von Ministerpräsidenten besucht, macht aber keine große Show, sondern ist ein unaufgeregtes kleines Idyll jenseits von nirgendwo. Zimmervermietung, ein Hofladen und die stattliche Hofgaststätte in Alleinlage ziehen die Leute aus den Dörfern der Flächengemeinde ringsum an und fungieren als Begegnungsstätte für Seminare und Familienfeste.

Heidi Voß kaufte diesen Resthof 2008 zurück, um ihn neu zu beleben; dies war das Geburtshaus ihres Mannes Jürgen. Vor einem halben Jahrhundert waren Gasthaus und Schmiede aufgegeben worden – heute wird alles von Tochter Kirsten und ihrem Mann bewirtschaftet. Der Uropa war der letzte Schmied, seine Werkstatt ist funktionsfähig aufgeräumt wie damals, das Gebläse und das Schmiedefeuer funktionieren, hier werden zum Dorffest heute noch Pferde beschlagen. Nebenan ist ein uraltes Trauzimmer mit Fußboden aus Kopfstein, um das Eheglück zu schmieden. Die Gaststube heißt Magda Dora, nach Kirstens Urgroßmutter, der damals letzten Wirtin. Und wenn einst richtig was los war, wie zwei Tage lang Vogelschießen, dann schliefen die Gäste auch mal auf den Tischen. Auch heute wird manch Spanferkel in den historischen Backofen geschoben, zum Beispiel wenn die Theatergruppe vom Viehbrooker Landlebenverein eine ihrer jährlichen Aufführungen zeigt.

Der Hof ist eine »Nutztier-Arche« mit bedrohten Tierarten: Thüringer Wild- und Waldziegen, Skudden-Schafe, Moorschnucken und die berühmten Bentheimer Schweine, die nur langsam wachsen, aber desto besser schmecken. Es wird auch das äußerst seltene rotbunte Husumer Protestschwein gezüchtet (s. Seite 226), ebenso Hochlandrinder, Gänse und Hühner. Und unweit ist die Rahe-Ranch mit Gattern für Dam- und Rotwild; man kann sie besuchen, und das Fleisch gibt's im Tante-Emma-Laden für die ländliche Versorgung.

Adresse Viehbrooker Weg 6, 24619 Rendswühren, www.hof-viehbrook.de | **Anfahrt** von Neumünster auf der B 430 Richtung Bornhöved, den Schiphorster Weg links, weiter bis zum Schild links | **Öffnungszeiten** hier ist immer was los – Anmeldung unter Tel. 04394/992356 | **Tipp** 1881 wurde in Rendswühren eine Moorleiche entdeckt und von Rudolf Virchow in Berlin seziert – man kann sie in Schloss Gottorf bestaunen. Wär das nicht ein Stoff für einen historischen Roman?

82 Zur Alten Försterei

Mit Leidenschaft dem Volk aufs Maul gebraut

So was gibt's sonst nirgends: 17 Sorten Bier aus einer einzigen Brauerei; allesamt unbehandelt, nicht extra haltbar gemacht, halten sie gut einen Monat im Kühlschrank. Man kann sogar in einem ganztägigen Bierbrau-Seminar alles lernen, was zum buchstäblichen »Hand-Werk« gehört. Hier ein Geschwindgang durch den Produktionsprozess: Nach dem Malz-Schroten – also dem Mahlen – folgt das Maischen, dabei wandeln im temperierten Wasser Enzyme die Stärke in Zucker um. Beim Läutern in einem Bottich mit Siebboden kommen Würze und mehrfach Wasser in die Sudpfanne. Der übrige Treber wird als Viehfutter oder zum Backen genutzt. Die mit Naturhopfendolden gekochte Würze wird von 100 auf 15 Grad runtergekühlt, belüftet und mit Hefe versetzt. Bei der Gärung entstehen Alkohol und Kohlensäure; in einem zweiten Tank, in der sechs Wochen langen Nachgärung, entsteht das naturtrübe Bier, das nun in Fässer oder Flaschen abgefüllt wird.

Pils und Dunkel, Märzen und Stout gibt's ganzjährig. Die Bockbiere sind: Rauch-, Mai-, Weihnachts-Bock, K.O. und Porter, und vom Spez über den Imkertrunk bis zum »Schwarzen« liefern die Spezialbiere kulinarische Besonderheiten, die im norddeutschen Liefergebiet auch nach Hause gebracht werden. Man kann sogar sein »Privat-Bier« mit eigenem Etikett abfüllen lassen. Die 500 Hektoliter im Jahr werden von diesem Familienbetrieb selbst vermarktet. Es gibt ein gutbürgerliches Restaurant ohne Chichi, Bierprobenarrangements und einen 100-Personen-Saal für Feiern und Reisegruppen.

Braumeister Udo Lämmer gründete den Betrieb mit seiner Frau Kerstin vor 20 Jahren und entwickelte erste Rezepturen nach dem Motto: dem Volk aufs Maul gebraut. Auch Sohn Sascha ist Braumeister; zum Vergnügen der Stammkunden entwickelt er neue Kreationen und experimentiert mit besonderen Malz- und Hopfensorten – und einer weiteren Zutat: Leidenschaft.

Adresse Grüner Weg 1, 24635 Rickling | Anfahrt die A 7 Hamburg–Kiel, vor Neumünster rechts die B 205 nach Rickling | Öffnungszeiten Mi – Fr 12 – 22 Uhr, Sa, So und feiertags 10 – 22 Uhr | Tipp Weitere Brauereien in dieser Region: der Gasthof Kirschenholz in Schillsdorf, das Brauhaus Eutin und Klüver's in Neustadt.

83 Der Schönmoorer Hof

Federvieh schmeckt von der Wiese besser

Überall auf der Welt werden Gänse gezüchtet, das »Schaf des kleinen Mannes«, in Ägypten seit den Pharaonen, in Asien überwiegend kleinbäuerlich, auf Long Island auf großen Farmen. Im alten Griechenland wurden sie geliebten Knaben geschenkt, und in China sind sie ein Symbol für eheliche Treue.

Den heiligen Martin – der sich im Stall versteckte, weil er nicht Bischof werden wollte – haben die Gänse durch ihr Geschnatter verraten, zur Strafe kommen sie am 11.11. auf den Tisch. Ab dem Martinstag wird in der Gänse-Saison bis Weihnachten täglich geschlachtet – allein auf dem Schönmoorer Hof alljährlich über 3.000. Außerdem werden 9.000 Barbarie-Enten und zunehmend Perlhühner gezüchtet, und im Hofladen gibt's außerdem Wild aus der Region.

Die Barbarie-Ente stammt übrigens aus Lateinamerika, wurde im 16. Jahrhundert domestiziert und seit Kolumbus importiert. Sie gilt mit ihrem mageren Fleisch und originellen Geschmack als Inbegriff der französischen Gastronomie. Und Perlhühner stammen ursprünglich aus dem südlichen Afrika. Frank Gadow, dessen Familie ein Gestüt hat und der (in Wakendorf) die – hier besonders auch mit Äpfeln gefütterte – Schweinerasse Bunte Bentheimer hält, übernahm 2011 diesen Geflügelhof als weiteres Standbein.

Die Gössel werden im Mai aus der Brüterei gekauft, und wenn sie mit sechs bis acht Wochen ihre Federn haben, leben sie artgerecht draußen auf den 20 Hektar Wiesen in Rickling. Alle paar Wochen kommen sie auf neues Gelände, zum Gras wird nur Getreide zugefüttert. Auch Seeadler, Uhu und Fuchs wissen die Gänse zu schätzen. Naturgemäß sind die leckeren Freilandvögel teurer als die Konkurrenz aus der Hafermasthaltung in Ungarn oder Polen. Aber sie schrumpfen im Bräter weniger. Fast die Hälfte der Zucht geht an Restaurants. Mit Äpfeln und Pflaumen oder Grünkohl, mit italienischer Füllung oder Kastanien – wow!

Adresse Schönmoorer Straße 92, 24635 Rickling | **Anfahrt** von der A 7 beziehungsweise aus Neumünster die B 205 südöstlich Richtung Bad Segeberg, hinter Rickling rechts | **Öffnungszeiten** Hofladen: Sept. Sa 9 – 12 Uhr, Okt. Fr 9 – 17, Sa 9 – 12 Uhr, Nov. Mo – Fr 9 – 17 Uhr, Sa 9 – 12 Uhr, Dez. täglich 9 – 17 Uhr, sonst nach Absprache, Tel. 04328/1728282 | **Tipp** Wer sich die Nahrung selbst schießen will, wird auch in Rickling bedient: Von Büchsenmacher Bälder kann man sich individuell die Tiefpunktlage korrigieren, den Schaft anpassen und komplette Waffen restaurieren lassen.

84 Der Urzeithof

Von Dinos, Steinen und Kindern mit Ahnung

Als sie vier Jahre alt war, fand sie einen Seeigel – da war's um sie geschehen: Katrin Mohr hatte bald das Kinderzimmer voll mit Knochen, Eierschalen und Pflanzen. Vor einigen Jahren machte sie aus ihrer Sammelleidenschaft ein veritables Privatmuseum. Nennt man so etwas Besessenheit? Oder Liebe zur Geschichte und den Fundstücken?

Während ihr Mann Sönke den Hof betreibt, sammelt Katrin Mohr unverdrossen weiter. Schon ihrer beider Eltern spielten hier in Fehrenbötel als Kinder miteinander. Ein Dachboden von 300 Quadratmetern ist liebevoll ausgebaut; die Ausbaupläne greifen bereits aufs Nachbargebäude über, wo auch ein Café entstehen soll.

Die Reise durch die Erdgeschichte beginnt mit Dino-Teilen aus dem Erdmittelalter, dem Psittacosaurus und einem Gebiss des Mosasauriers. Weit über einen Meter misst ein Stück vom Mammut-Backenzahn, der wohl unvorstellbare viereinhalb Meter lang war. Und neben einen Oberarmknochen, so Mohr, »stellen sich die Kinder gerne, um zu sehen, wie viel sie gewachsen sind«. Es gibt viele tausend Fossilien, Mineralien und Artefakte und etwa 300 Exponate aus der Steinzeit. Eine Muschel- und Schneckensammlung schließt sich an, schließlich auch Hirschgeweihe und eine Fülle von Feld- und Strandsteinen, von Gletschern hergebracht.

Katrin Mohr ist gut vernetzt mit verschiedensten Sammlergruppen, von denen sie vielerlei Stücke gestiftet bekam. Ihr besonderes Anliegen ist es ganz offensichtlich, mit Kindergärten zu arbeiten, Schulklassen zu betreuen, auch mit Mikroskop und Versuchen ihre Leidenschaft für die Geschichte unseres Planeten weiterzugeben. »Ja, die Fehrenböteler Kinder sind ständig hier – die haben schon richtig Ahnung«, meint die Sammlerin. Es gilt auf dem Urzeithof: »Anfassen ist ausdrücklich erwünscht.«

Und wer mehr wissen will über die nordische Archäologie, fährt zu ihrer Schatzkammer: Schloss Gottorf bei Schleswig.

Adresse Fehrenböteler Dorfstraße 5, 24635 Rickling-Fehrenbötel | Anfahrt von Bad Segeberg die A 21, Richtung Neumünster auf die B 205, ein Stück vor Rickling links auf die Dorfstraße | Öffnungszeiten Fr 15 – 18 Uhr und nach Vereinbarung über urzeithof@t-online.de | Tipp Unweit, in Wankendorf, lebt und sammelt der Spezialist für Fossilien und Mineralien, Frank Rudolph. Er schreibt Bücher, verlegt die Zeitschrift »Geschiebesammler« und meint vergnügt: »Vom Schreiben über mein Hobby kann ich leben.« Besuch seiner Versandbuchhandlung »Fossilbuch« nach Absprache, Tel. 04326/2205.

85 Das Herrenhaus

Traumhafter, leerer Palast – zum Zank freigegeben

Die Atmosphäre ist beklemmend. Ein monumentaler klassizistischer Putzbau – anstelle eines abgebrannten Barockschlosses errichtet – mit hübschen seitlichen polygonalen Türmen, mit Elementen aus Barock und Renaissance, steht vollkommen leer. Ebenso der mächtige Torbau mit turmartigem Risalit über dem Eingang. Dies war das Kulturzentrum des Landes Schleswig-Holstein, hier war die Geburtsstunde des größten Events im Lande, des Schleswig-Holstein Musik Festivals mit Justus Frantz und Leonard Bernstein. 2010 beschloss die Regierung, die Bude zu verkloppen, und zog aus; 200.000 Euro kostet seither der jährliche Unterhalt. 2012 brannte die 60 Meter lange Konzertscheune – auch Spielort der Jazz Baltica – vollständig ab. Der gerne Polo spielende Hamburger Kaufmann Bolko Kissling, Lebensgefährte von Vicky Leandros, kaufte das Ganze 2013, kündigte im Internet großzügig für sein »Hotel Schloss Salzau« an, dass Gäste eine Flasche Wasser kostenlos bekommen würden, bezahlte jedoch nie den Kaufpreis von zwei Millionen. Weil das Land »bauliche Mängel«, nämlich die Pfahlbau-Konstruktion und ihre Abhängigkeit vom Wasserstand des Flüsschens Salzau, verschwiegen habe. Nun streiten sie sich vor Gericht. Nebenbei: Dies ist per Definition kein Schloss, obwohl es so aussieht, denn hier wohnte nie ein Herzog oder gar König. Der reiche und prunkliebende Graf Blome, dem weitere Güter und diverse Dörfer gehörten, ließ die dreiflügelige Anlage mit wohl 100 Zimmern ab 1881 bauen – wie 50 Jahre zuvor das romantische Jagdschloss Blomenburg, heute ebenfalls eine Investitionsruine (s. Seite 200).

Reizvoll ist der Gang rund ums Herrenhaus – auf der Rückseite spiegelt es sich im See, bei schönem Wetter ein atemberaubender Anblick. 1631 geschah es, dass Franz Rantzau, Herr auf dem Rittersitz Salzau, seinen Freund Christian Rathlow »in liederlicher Weise« mit dem Degen erstach.

Nichts wie hin: ein Schnäppchen für die Großfamilie …

Adresse Salzau, 24256 Fargau-Pratjau | **Anfahrt** Auf der B 202 von Kiel nach Lütjenburg geht es vor Selent links ab nach Fargau am See, dort links die Dorfstraße und wieder rechts, ausgeschildert. | **Tipp** In Salzau züchtet Fabian Kummer den Edelpilz Shiitake und weitere Bio-Pilze; die gibt's freitagnachmittags in der Schlossallee 1.

86_Die Alabasterwerkstatt

Alabaster – elegante Keramik aus Steinzeug

In diesem originellen alten Bahnhof von 1927, der von einem verwunschenen Gartengrundstück umgeben ist und dank des überstehenden Dachs ein wenig wie ein japanisches Teehaus aussieht, entsteht handgefertigtes Geschirr, wie man es sonst nicht findet. Hier arbeitet Otto Stephan seit Beginn der 90er Jahre, er ist Kerammodelleur und Geschirrkeramformer – wer das noch nie gehört hat, das sind tatsächlich Ausbildungsberufe. Barbara Wadde-Stephan ist Keramikmeisterin. Die beiden kennen die Konsistenzen und Fließmaße von Gips, die Abbindegeschwindigkeit, Porosität und Biegefestigkeit und stellen die Press- und Druckgussartikel selbst her. Das ist nicht so simpel wie übliches Töpfern, was Stephan gerne mal mit Kindern macht: Die Tonwülste bieten ganz andere Möglichkeiten als das sonst gewohnte, absolut millimetergenaue Arbeiten mit Steinzeug. Das ist ähnlich wie das noch kompliziertere Porzellan, nicht zu verwechseln mit dem simpleren Steingut.

Die Tassen und Kannen, Teller und Schalen, Vasen und Töpfchen bestechen durch ihre klaren und eleganten Formen, die Glasuren aus Feldspat und Asche sind zurückhaltend. Die Arbeit beginnt mit Skizzen, Entwürfen und Anschauungsstücken; die Urmodelle werden durch Drehen, Ziehen, Schneiden und Gravieren, der Rohling dann über der Schablone hergestellt. Stephan stellt kein modisch-schrilles Chichi her. Aber er macht auch Workshops oder übernimmt unterschiedliche Auftragsarbeiten, von Gegenständen nach Sonderwünschen der Kunden über Restaurierungen von Stuckverzierungen in einer alten Villa bis zu Fußböden im Außenbereich. In seinem Haus hat er die Eingangsdiele mit Kacheln ausgelegt – nach einem Muster aus der Alhambra in Granada, einem der großartigsten Bauten der in ihre Azulejos verliebten Araber im Mittelalter.

Wie wär's mit einer noch nie da gewesenen, kunstvollen Lieblingstasse nach eigenem Entwurf – für die ganze Familie oder die Firma?

Adresse Bahnhofstraße 24, 23684 Scharbeutz-Gleschendorf | **Anfahrt** die A 1 von Lübeck, auf die B 432 Richtung Ahrensbök, links nach Gleschendorf | **Öffnungszeiten** anmelden unter otto.stephan@t-online.de, Tel. 04524/1647 | **Tipp** Im Scharbeutzer Ortsteil Pönitz im Regionalmuseum gibt es unter anderem eine fesselnde Museumswerkstatt. Und die archäologische Tauchgruppe ist in den Seen ringsum und in der Ostsee unterwegs.

87 Der Ruheforst Brodau

Spaziergänge an der Ostsee im Wald für die Toten

Zwei pfiffige Unternehmen – sie heißen: Ruheforst und Friedwald – haben die Republik mit Biotopen überzogen, für die Bestattung in abbaubaren Urnen zu Füßen von Bäumen. Nur eine kleine Plakette weist auf die Verstorbenen hin. Es gibt einige in dieser Region – jedoch die sicherlich schönste Einrichtung dieser Art ist der Brodauer Ruheforst, unter wunderbaren riesigen Bäumen direkt am Steilufer der Ostseeküste gelegen. Hier, in diesem gepflegten »Wald für die Toten«, spazieren zu gehen, jenseits jeglichen Touristen-Rummels, gehört zu den eindringlichsten Erlebnissen an der Küste. »Einer der schönsten Wälder in Norddeutschland«, so der NDR.

»Die Grabpflege übernimmt die Natur«, heißt es in der Werbung. Richtig. Die arbeitet kostenlos. Deshalb wird an dieser »natürlichen und würdevollen Alternative zu den bislang gewohnten Bestattungsorten« gut verdient, aber auch eine Verpflichtung für 99 Jahre eingegangen. In Malente gab es mal eine heftige Bürgerinitiative gegen einen Ruheforst, der dort direkt am Ort in einem dürftigen Wäldchen angelegt wurde: »Die machen das Geschäft mit dem Tod, klauen den Friedhöfen die Toten – und wenn denen die Beerdigungen ausgehen, müssen das die Gemeinden bezahlen.« So der ja sachlich richtige Tenor, jedoch die Gegenargumente waren stärker: die niedrigeren Preise und die Sehnsucht nach unzerstörbarer Natur. Längerfristig werden sicherlich viele Friedhöfe geschlossen, der Zeitgeist spricht für die kirchenferne, naturnahe Konkurrenz.

Seit 1773 in Familienbesitz, kooperierte das Gut Brodau für den Ruheforst mit der Gemeinde. Ferienwohnungen, Reiterferien und die Strände unweit haben – wie auf so vielen Gütern als Ergänzung zur jahrhundertealten Landwirtschaft – den Ferientourismus wachsen lassen. Und der Ruheforst hat ja wirklich sein Gutes, trägt er doch langfristig dazu bei, diese traumhafte Natur zu erhalten.

Erde zu Erde.

Adresse Zum Gut 1, 23730 Schashagen-Brodau | Anfahrt die A 1 von Lübeck bis Abfahrt Neustadt/Pelzerhaken, Richtung Grömitz, rechts Gut Brodau, ausgeschildert zum Parkplatz | Öffnungszeiten Termine machen unter Tel. 04551/959865 | Tipp Die Brodauer Mühle – Wappen von Schashagen und Kulturdenkmal – brannte 2005 ab, sie ist eindrucksvoll als Balkengerippe zu besichtigen. Jedoch soll sie wieder aufgebaut werden.

88 Die Draisinenfahrt

Gruppenweise gesund durch die Natur strampeln

Vor rund 150 Jahren wurde die Bahnlinie Ascheberg-Neumünster eröffnet, gleichermaßen für Personen- und Güterverkehr; später fuhr hier sogar ein Eilzug von Büsum bis Neustadt. Heute ist auf acht Kilometern an der stillgelegten Strecke ein in der Region einmaliges touristisches Schmuckstück entstanden, geschaffen von einem Verein ehrenamtlicher Enthusiasten, den Draisinenfreunden Mittelholstein. Die Grundstücke wurden vor ein paar Jahren privatisiert, doch Bahnkörper und Gleise sind erhalten.

Die Neu-Eisenbahner schlossen einen Vertrag mit der Deutschen Bahn für die kostenlose Nutzung, schnitten in Knochenarbeit die verwilderte und zugewachsene Strecke frei und schafften in den letzten Jahren vier Draisinen an – für je vier Leute, von denen zwei seitlich auf Fahrrädern strampeln. Es sind also nicht die vom Namensgeber Drais erfundenen Laufräder und auch nicht die Handhebelwagen für Streckenkontrollen.

In der Mitte der Strecke, am früheren Bahnhof von Bokhorst – das alte Bahnhofsgebäude ist längst abgerissen –, kann man die Draisinen mieten; Paare, Familien und Reisegruppen bis zu 16 Personen sorgen für alljährlich rund 1.000 Vermietungen. Jeweils am Streckenende dreht man mit einem einfachen Gerät die 135-Kilogramm-Gefährte für die Rückfahrt um. Ein Bayer machte die Tour auch mal alleine. Und eine bescheuerte Vatertagstruppe warf am Ende Bierflaschen ins Gelände – was dazu führte, dass der Besitzer die letzten zwei Kilometer sperrte. Auch am anderen Ende der Strecke gestattet ein Bauer das Fahren nicht, sodass vor Wankendorf zwei Kilometer verloren sind. Ob wohl beide in sich gehen, um für die Besucher – und damit für ihre Region – die Attraktivität noch zu erhöhen?

Es geht nach Westen durch tiefen Wald, östlich an mächtigen Windkraftanlagen vorbei und durch typische Kulturlandschaft – übrigens das ganze Jahr hindurch, denn auch im Schnee ist eine Fahrt bezaubernd.

Adresse An der Bahn 3, 24637 Schillsdorf-Bokhorst | **Anfahrt** von Hamburg die A21 Richtung Kiel, Abfahrt Bornhöved Richtung Neumünster, bis Schillsdorf ausgeschildert, dann Bokhorst | **Öffnungszeiten** anmelden unter anfrage@draisinedfm.de | **Tipp** Ein Stückchen strampeln, ein Stückchen zu Fuß, dann kulinarische Pause im Gasthof Kirschenholz. Und wer anderswo Lust auf »Bahntrassenradeln« hat – es gibt 36 Strecken in Deutschland.

89_Das Kindheitsmuseum

Lebendige Schule mit Schürze und Kragen

In diesem liebenswürdigen kleinen Kindheitsmuseum, im Alten Amtsgericht in der Fußgängergasse, gibt es natürlich Spielzeug aller Art, von Puppen und Puppenstube über Stecken- und Schaukelpferd, diverse damals selbst gebastelte Sachen bis zum Blechspielzeug. Doch so was gibt's auch anderswo. Schon etwas Besonderes sind die Kleidungsstücke und Leibchen von damals und die 2.000 historischen Kinderbücher. Und es wird lebendig. Wie haben Kinder einst gelebt, gespielt und gearbeitet? In dieser Form einmalig jedoch ist eine besondere Ausstellung, die sich mit dem Thema Schule befasst, beginnend um 1890, zu Beginn des industriellen Zeitalters, mit den so ganz anderen Lebensverhältnissen. Es gibt einen kompletten Dorfschulraum aus der Zeit vor über 100 Jahren. Mädchen können die damals üblichen Schulkittelschürzen, Jungs die Matrosenkragen anziehen, wenn den Schulklassen zu Besuch der Schulalltag von damals ganz sinnlich aktiv vermittelt wird.

Heidrun Löwner und Lose Klose, die zu den Mitbegründern gehören, berichten, dass sie von einem Anbau für die Schule träumen.

Sie kommen wie viele ihrer Kollegen aus Kiel, um hier zu helfen. Und wie die anderen der 60 Vereinsmitglieder arbeiten sie ehrenamtlich, auch an der Gestaltung des Museums und von Sonderausstellungen. Die Mittel sind knapp, viele Museumsstücke sind Leihgaben.

Es gibt auch Spielecken für Kinder von heute: »Die wollen immer gar nicht wieder weg.« Und wie die lebendige Schule, so werden Aktionsnachmittage mit unterschiedlichsten Aktivitäten durchgeführt. Kochen und Backen, Sticken, Drechseln und Laubsägearbeiten, Gesellschaftsspiele, das Werkeln mit Metallbaukästen, sogar das Lernen der »Deutschen Schrift« gehört zum Programm. Hier passt ein Zitat von Maria Montessori: »Schule ist jenes Exil, in dem der Erwachsene das Kind so lange hält, bis es imstande ist, in der Erwachsenenwelt zu leben, ohne zu stören.«

Adresse Knüllgasse 16, 24217 Schönberg | **Anfahrt** B 502 nach Schönberg, zu Fuß in der Innenstadt »Am Markt« geht es rechts rein, da, wo der schöne Elch aus Bronze steht | **Öffnungszeiten** Mai So 14–17 Uhr, Juni–Okt. Di, Mi, Fr–So 14–17 Uhr, Do 10–12 Uhr | **Tipp** Das Probsteimuseum mitten in Schönberg – ein restaurierter Bauernhof und eine Ausstellung – bietet eine Menge familienfreundlicher Veranstaltungen.

90 Der Museumsbahnhof

Quiiietschsch geht's in die Kurve

Von der Straße aus sieht man nur ein paar geparkte Straßenbahnwagen. Geht man sie jedoch entlang, wird deutlich, wie viele verschiedene Modelle vor dem Schrott gerettet und hier gesammelt wurden, vom Schlafwagen bis zum Shell-Kesselwagen. Spätestens jedoch, wenn man in den beeindruckenden Lokschuppen eintritt, gehen einem die Augen über – und man versteht ein wenig, warum es so grundbegeisterte Eisenbahnfans gibt. In diesem einmaligen Museum stehen fast alle Bautypen von 1894 bis 1957, die es in Norddeutschland einst gab, Normal- und Schmalspur.

Vollkommen begeistert ist man spätestens, wenn Malte Jessen den Besucher über einen Rundkurs fährt, rumpelnd über Weichen und schrill quietschend in den Kurven. Für ihn sind Eisenbahnen sein Leben, auch im Hauptberuf ist er Lokführer. Er ist einer der gut zwei Dutzend Aktiven von den rund 300 Mitgliedern im Verein Verkehrsamateure und Museumsbahnen. In gewaltigem ehrenamtlichen Einsatz haben sie Schienen gekauft, die Fahrzeuge authentisch restauriert und dieses bewegte und bewegende Museum aufgebaut – ohne öffentliche Fördermittel. »Es gehört eine Portion Wahnsinn dazu«, meint Malte, denn für die laufende Instandhaltung »arbeiten wir oft auch gegen die Zeit«. Das 100-jährige Bahnhofsgebäude ist original erhalten, inklusive Schalterhalle mit Fahrkartenausgabe und einer alten Personenwaage. An Wochenenden von Mai bis September verkehren historische Eisenbahnzüge mit Dampf- und Dieselbetrieb und uralten, satt gepolsterten Triebwagen ins vier Kilometer entfernte Schönberg, manchmal fährt auch die einzige Straßenbahn in Schleswig-Holstein bis Probsteierhagen. Es gilt: »In Kurven festhalten« und »Blumenpflücken während der Fahrt verboten«.

Seit 1897 fuhr Hein Schönberg bis Kiel. Jetzt soll, trotz heftigen Protesten von Anwohnern in Probsteierhagen, die Bahnstrecke wieder ganz in Betrieb genommen werden.

Adresse Am Schierbek 1, 24217 Schönberg-Schönberger Strand, www.vvm-museumsbahn.de | **Anfahrt** B 502 nach Schönberg, die Strandstraße nach Nordosten, gleich rechts am Ortseingang | **Öffnungszeiten** Termine und Fahrzeiten im Internet | **Tipp** Zur Gemeinde Schönberg gehören auch der nette Touristenort Kalifornien – mit viel frischem Fisch an der Promenade – und ein grässliches Hochhaus nebst weiteren Bausünden für Ferienwohnungen in Holm.

91 Das Zen-Zentrum

Abschalten, sitzen und schweigen

Zur beeindruckenden Einstimmung auf dem Weg zum über 200 Jahre alten prächtigen Herrenhaus geht's über einen Kilometer durch eine mächtige Lindenallee mit rund 250 Bäumen – sie wurde 1856 angelegt und ist sicherlich eine der großartigsten im ganzen Land. 1989 wurde das Gebäude von den Mitgliedern gekauft und ist seither das Zentrum der gemeinnützigen »Zen-Vereinigung Deutschland«.

Auf die simple Frage des Laien »Was ist Zen?« antwortet Katja Ulrich, die hier arbeitet, trocken: »Absichtsloses Sitzen, in Stille, mit dem Gesicht zur Wand.« Sie ist zunächst zurückhaltend mit Auskünften, denn an dem üblichen Trommeln für die Werbung um Kohle und Kunden haben sie hier kein Interesse. Das Zentrum ist für ernsthaft Interessierte, die Zazen – eine Meditation – praktizieren oder an anderen Zen-Aktivitäten teilnehmen wollen. Man begreift im Gespräch, dass Zen keine Religion sein will, sondern ein Lebensweg zur Selbsterkenntnis. Statt sich wie sonst meist mit sich selbst zu beschäftigen, praktizieren die Mitglieder hier mit anderen zusammen und ihrem Lehrer einen Weg, um das richtige Maß zu finden. »Indem man vieles weglässt, wird das Leben tiefer« und »Das Gehirn findet sein ursprüngliches Gleichgewicht wieder, das Bewusstsein wird ruhig«.

Hier geht es nicht ums Geldverdienen, was der skeptische Besucher ja immer erst vermutet, auch nicht um quasireligiöse Zwänge. Die Mitglieder haben keinerlei Pflichten, alles ist freiwillig. Unterkunft und Verpflegung für die Seminare kosten die Hälfte des Preises eines einfachen Hotels; es wird kein teurer Schnickschnack verkauft, gibt auch beileibe kein Heilen oder gar Wahrsagen. Etwa ein Dutzend Mitglieder aus der Umgebung kümmert sich selbstlos um Gebäude und Park. Bis zu 80 Gäste können untergebracht werden; Interessierte können sich anmelden und einfach mal probieren, ob sie hier für ihr Leben eine eigene Qualität finden können.

Adresse Hauptstraße 1, 24601 Schönböken | Anfahrt von der A 7 Hamburg–Kiel auf der B 430 gut 20 Kilometer über Neumünster nach Osten, vor Bornhöved links ausgeschildert | Öffnungszeiten Büro: Mo – Fr 8.45 – 9.30 Uhr, Zazen-Zeiten: Di, Mi 19.30 – 21 Uhr, Sa 18 – 19.30 Uhr, Mail: info@zen-vereinigung.de | Tipp Quasi nebenan liegt das einsame Naturschutzgebiet um den teils verlandeten flachen Fuhlensee mit Röhrichten und Erlenwäldern; es gibt auch noch Niedermoore.

92 Das Erlebnis Bungsberg

Wald und wandern, Weitblick und Weisheit

Die tiefen Wälder auf dem Weg hinauf sind die umfangreichsten der ganzen Region. Lange war die Anlage auf dem Berg heruntergekommen – jedoch hat dann die Sparkasse Holstein zugeschlagen, die sich ohnehin erstaunlich für Kultur im ländlichen Raum einsetzt. Gemeinsam mit der öffentlichen Hand wurde hier eine Bildungsstätte auf den Berg gesetzt, die das Motto »Erlebnis Bungsberg« – vor allem für Kinder – mit Leben füllen will. Zwar macht auch dieser mit 168 Metern höchste Berg Schleswig-Holsteins aus der »Holsteinischen Schweiz« keine Alpen, aber es gibt tatsächlich eine Seilbahn für Abfahrten mit Schlitten, Skiern und Snowboards – hinunter geht's die 300 Meter in einer halben Minute. Dafür kommen Besucher von Lübeck bis Kiel und sogar aus Hamburg angereist. Das Wesentliche jedoch ist der Fernmeldeturm – mit 179 Metern aus Stahlbeton höher als der gesamte Berg darunter. Mit einer Aussichtsplattform in 45 Meter Höhe, die einen traumhaften Blick bis zur Ostsee und über große Teile Holsteins und nach Mecklenburg bietet. Zugegeben, es ist verdammt mühsam, die 217 Stufen darin hochzusteigen, aber die Aussicht ist grandios. Zur Belohnung geht's dann in die neu gebaute Waldschänke. Nebenan steht ein 22 Meter hoher, achteckiger Aussichtsturm aus Granitquadern, vom Großherzog vor 150 Jahren nach seiner Frau Elisabeth-Turm getauft.

Der Berg ist eine 150.000 Jahre alte Endmoräne, um die in der jüngsten Eiszeit das Eis gewissermaßen drum herum floss. Der Berg ist ein »Leckerbissen« für Geologen, und der Blick über die Hügellandschaft spricht Bände für das Begreifen der Frühgeschichte in dieser Region. Ziel ist es, für die Besucher diese erdhistorischen Zusammenhänge von Wasser, Erde, Luft und Feuer »für Kopf, Herz und Hand erfahrbar« zu machen. Und zum Wandern, Pilzesammeln – und was einem noch so im einsamen Wald einfällt – ist diese Gegend natürlich ganz wunderbar.

Adresse 23744 Schönwalde am Bungsberg | Anfahrt die A1 von Lübeck bis Lensahn, Landstraße nach Schönwalde, rechts ausgeschildert | Tipp Unweit, in Kasseedorf, liegt das idyllische Gut Stendorf – Schauplatz der Storm-Verfilmung »Immensee« von 1943 und von »Der blaue Vogel« aus dem Jahr 2001 nach Utta Danella.

93__Fußball- und SwinGolf

Sport und Spaß: Das Runde muss ins Runde

Hier geht's gleich doppelt zur Sache, hat Golf nichts Elitäres, braucht keine teure Ausrüstung, keine Etikette, keine Mitgliedschaft und keine Platzreife: Fußball- und SwinGolf sind in Europa auf dem Vormarsch. Und gerne zieht die Truppe mit Proviant im Bollerwagen über die Wiesen. Das traditionelle Landhotel Möllhagen ist weit und breit bisher das einzige, das mit professionell gebauten Anlagen diesem Spaß für die ganze Familie in reizvollem Gelände alle Möglichkeiten bietet: im malerischen Naturpark Westensee eingebettet, an der Grenze des Nortorfer Stadtparks, unweit vom Borgdorfer See.

Die Regeln beim FußballGolf, das aus Skandinavien stammt, sind einfach: Das Runde muss ins Runde. Jeder bekommt einen Ball; wer für die 18 Bahnen mit diversen Hindernissen die wenigsten Schüsse braucht, hat gewonnen. Und SwinGolf, das aus Frankreich kommt, ist die Weiterentwicklung von Paille-Maille, dem Ballspielen auf angelegten Bahnen seit dem 16. Jahrhundert. (Daher hat in Hamburg die Straße Paillemaille ihren Namen.) Es ist nix als vereinfachtes Golf – und wird mit einem weichen Ball aus Hartschaum und statt mit einem ganzen Set mit nur einem dreiseitigen Schläger mit verschiedenen Oberflächen gespielt, der für alles reicht. Natürlich gibt's längst Deutschland- und Europameisterschaften – doch meist geht es nicht um Leistungsdruck, sondern einen Familiensport, lässig und gemütlich. Kommt ein schnellerer Trupp von achtern, wird er vorbeigelassen. Damit die Gruppe zusammenbleibt, spielt immer, wer vom Zielloch am weitesten entfernt ist.

Möllhagen ist ein klassisches Landhotel, vom Zimmer bis zur Ferienwohnung, mit Saunalandschaft und offener Küche, wo man dem Küchenchef beim Brutzeln regionaler Küche über die Schulter schauen kann. Übrigens, endlich mal was Neumodisches mit positivem Nebeneffekt: Diese Golfarten sind bannich gesund, auch für Herz-Kreislauf-Kümmernisse.

Adresse Möllhagen 5, 24589 Schülp | **Anfahrt** von der A 7 Hamburg–Kiel Abfahrt Bordesholm, Richtung Nortorf, im Zentrum bei Lidl den Schülper Weg nach Osten, ausgeschildert | **Öffnungszeiten** Dez.–März geschlossen, April–Nov. ab 10 Uhr–open end | **Tipp** Einen SwinGolfplatz gibt es auch in Neustadt-Pelzerhaken, ein beliebtes Kite- und Segelrevier mit dem einzigen Südstrand der Lübecker Bucht.

94 Die Hunkelstide

Fallobst und Möpse – gesünder geht's nimmer

Da muss man erst mal drauf kommen – eine Firma zu gründen, die vom Trocknen der Früchte lebt, die niemand mehr haben will. Die Hunkelstide ist weit und breit das einzige derartige Unternehmen. Auf Plattdeutsch ist »Gehunkels« Fallobst. Die Inhaberin Silke Kühl und ihr Lebensgefährte Volkmar Radcke holen das Überschussobst, das sich anderweitig nicht mehr verarbeiten lässt, von ökologischen Anbietern wie den Biohöfen in Dannau, von Obsthöfen und aus eigenem Anbau – und machen die leckersten Dörrfrüchte draus.

Im Mittelpunkt steht der Dörrschrank mit 40 Sieben, in dem mit dem Heizgebläse bei 40 Grad gut 90 Prozent des Wassers entzogen werden. Das dauert so 24 Stunden. Hier werden auch Bananen püriert, gedörrt, gerollt, wieder gedörrt und Möpse draus gemacht, teils mit Ingwer, mit Beeren oder Walnüssen verarbeitet. Bananen werden auch zu Filets, gerne mit Zitronensaft. Rennradfahrer Radcke schwärmt von den Kraftmöpsen als klasse Sportlernahrung – vegan, laktose-, gluten- und zuckerfrei. Die beiden Inhaber sind gut beschäftigt: Äpfel waschen, angedetschte Stellen entfernen, Gehäuse rausstanzen, in Scheiben schneiden, alles auslegen, ebenso die unterschiedlichsten Birnensorten. Das Steinobst ist voller verdauungsfördernder Faserstoffe und Vitamine. Auch Tomaten werden getrocknet, Pflaumen sind besonders aufwendig, und das Quittenbrot wird hier ohne Zucker hergestellt – sauer ist gesund.

Zucchini-Pesto mit Nüssen und Kräutern, Fruchtaufstriche, Chutneys, Rosensirup, Apfeltees – die Palette ist abwechslungsreich. Natürlich geht's nach Jahreszeiten – im Frühjahr: Löwenzahnblüten-Gelee, Holunderblüten-Sirup und Rhabarber-Chutney, später folgen getrocknete Erdbeeren. Silke Kühl: »Und so geht es im Rhythmus des Jahres munter weiter.«

Sie ist mit ihrem Stand auf Märkten vertreten, und in einer Reihe von Läden gibt's inzwischen ihr edles trockenes Gehunkel.

Adresse Schwartbuck-Holz 14, 24257 Schwartbuck, www.hunkelstide.de | **Anfahrt** am schönsten über den Ostsee-Radweg, sonst: von Lütjenburg Richtung Schönberg, hinter Hohenfelde links, wenig später rechts den Plattenweg bis zum Ende | **Öffnungszeiten** anmelden unter mail@hunkelstide.de | **Tipp** Auf dem wilden Grundstück sind zwei Bauwagen zu vermieten, besonders beliebt für Fahrradferien, der kleinere für die Kinder. Klo und Wasser gibt's im Holzhaus ein Stückchen weiter, zur Ostsee sind's vier Kilometer.

95__Die Schoko-Manufaktur

Süße Phantasien von Kitsch bis Porno

Darf es mal so richtig schön kitschig sein? Oder lieber klassisch? Vielleicht gar pornografisch? Hier kann man sich was aussuchen, na klar, aber auch: nach eigenen Wünschen und gerne auch verrückten Entwürfen sich was Persönliches herstellen lassen.

Uschi Marx hatte einen Teeladen in Schönberg. Ulrich war Elektroingenieur für Hightechprodukte. Und nebenbei importierte er Schokolade am Stiel aus Dänemark, so richtig bundesweit mit Vertreternetz. Als ihm aber die neuen Inhaber der dänischen Firma den Preis fast verdoppelten, dachten sich die Marxe: »Das können wir auch.« Jetzt haben sie in der Küche hinter dem Haus die denkbar kleinste Schoko-Manufaktur. Und der Laden »De Teepott« ist, zusammen mit lauter süßen Sachen, in den Hofladen im Anbau umgezogen, vor dem es im Sommer auch Verkostungen gibt.

Er ist für die Schokolade zuständig; etwa 1.000 Kilo werden – nach eigener Mischung – aus Belgien importiert. Daraus werden einerseits zigtausend Sticks, aber auch Tafeln und süße Geschenke. Sie ist für die Verzierungen kreativ, mit Smileys, bunten Kügelchen und kleinen Kerzen. Erst auf Nachfrage – was ist mit erotischen Motiven? – bringt sie plastische Porno-Schokotäfelchen mit dem Drunter und Drüber aus dem Kamasutra. Und einen beachtlichen Schokopimmel in besonderer Geschenkverpackung – Uschi: »Den verschenken vor allem die Frauen gerne.«

Dunkel und weiß, fruchtig, schmelzig und knackig, klassisch oder gnadenlos kitschig, kunterbunt oder erdbeermäßig rosa, mit persönlicher Beschriftung, als Herz oder Fisch, mit Ingwer, Cranberrys, Kumquats oder selbst kandierten Chilis – es ist alles eine Heidenarbeit, inclusive der Verpackung, was sie da in der Küchenwerkstatt zaubern.

Charles Dickens meinte einst: »Nichts ist wertvoller als ein guter Freund – außer ein Freund mit Schokolade.« Aber Achtung! Schokolade lässt Ihre Kleidung schrumpfen …

Adresse An der Schule 2, 24257 Schwartbuck | **Anfahrt** von Kiel die B 502 nach Schönberg, geradeaus nach Hohenfelde, rechts nach Schwartbuck, hinter dem Ortseingang rechts | **Öffnungszeiten** immer Fr 10–18 Uhr, April–Okt. auch Do 10–18 Uhr | **Tipp** Verdauungsspaziergang gefällig? Der Nordteil des Selenter Sees ist eine ganz besondere Seeuferlandschaft unter Naturschutz mit vielerlei seltenen Vögeln in den Bruchwäldern und Röhrichten.

96 Die Blomenburg

Das unglaubliche Fiasko eines unnützen Schlösschens

Auch wenn es zurzeit leer steht und niemand weiß, was daraus wird – dieses prächtige wie seltsam-absurde Jagdschloss des Historismus, in den 40er Jahren des 19. Jahrhunderts im Tudorstil gebaut, lohnt unbedingt einen Besuch. Die Anlage hat etwas Bezauberndes – und ist zugleich ein Monument des Unsinns im Umgang mit Investoren.

Graf Blome, dem das Gut Salzau gehörte, wollte mit dem Landgrafen von Hessen und seinem Hessenstein bei Panker konkurrieren, als er diese Pseudo-Burg als Jagdsitz in wunderbarer Lage auf dem Heidberg bauen ließ. Wenn man durch den großen englischen Landschaftsgarten hinaufgestiegen ist, wirken die weißen Gebäude märchenhaft. Durch ein schmuckes Torhaus kommt man auf den von Kavaliershaus und Wirtschaftsflügeln umgebenen Burghof; aus dem Schlösschen ragen Türme und Anbauten hervor. Es ist ein Jammer – das Ganze steht weitgehend leer. Schon 1847 prophezeite jemand, dies sei eine »künftige Ruine, die einst versinken und verwittern wird«.

Die Blomes brauchten Geld und verkauften in den 20ern das unnütze Schmuckstück an Schleswig-Holstein. Bis 92 war es Jugend- und Erziehungsheim. 97 kamen Investoren, die die Ländereien rundherum in 200 Grundstücke für Bauland verwandelten und – mit heftiger öffentlicher Unterstützung – das ganze Ding sanierten, einen Neubau dransetzten und ein Technologiezentrum einrichteten, das jedoch nie funktionierte und dessen Betreiber 2009 pleiteging. Inzwischen waren Wälder gerodet und Biotope zerstört. Der Kreis Plön übernahm den Betrieb, doch nach der Insolvenz der Holding beschlossen die Politiker 2011, nichts mehr zu bezahlen. Insgesamt zehn Millionen öffentlicher Gelder wurden hier versenkt.

Ausgerechnet der Unternehmer Hartmann, der seinerzeit das ganze Investitionsdrama losgetreten hatte, kaufte inzwischen für dürftige 200.000 Euro das Erbbaurecht in einer Auktion. Und nun?

Adresse Blomenburg 1, 24238 Selent | **Anfahrt** von Kiel auf der B 202 Richtung Lütjenburg, in Selent Richtung Lebrade, rechts ausgeschildert | **Tipp** Die Gruft des Grafen Blome findet sich in Probsteierhagen, an die St.-Katharinen-Kirche gebaut, deren Schnitzaltar, Holzkanzel und Chorraum sehenswert sind.

97 Der Hansa-Park

Jede Art von Äktschen für die ganze Familie

Die Abstimmung mit den Füßen ist eindeutig: Über eine Million Besucher kommen jährlich in den Hansa-Park, wo auf knapp einer halben Million Quadratmetern 125 Attraktionen die Massen anziehen – vom Delphinarium, in dem Seelöwen gezeigt werden, bis zur Westernstadt, vom Super-Rollercoaster Nessie mit Looping bis zur Wasserbahn Super-Splash inklusive Sprungschanze. Es locken der Navajo-Trail, Europas höchster und größter Hochseilgarten, der Nachbau des Kolumbus-Schiffs Nina, die Achterbahn Crazy Mine, gebaut im Stil eines alten Bergwerks, und der »Fluch von Nowgorod« bringt's auf 100 Stundenkilometer.

Es gibt jede Menge weitere Themenbereiche, Wasserzirkus und Freilichtbühne, Gruselwelt und Varietéshow werden bespielt, und es werden immer weitere Bauabschnitte für die detaillierte Darstellung einer liebenswürdigen alten Hansestadt vorangetrieben: Das Lübecker Holstentor begrüßt die Gäste bereits am Eingang, es entstehen viele originalgetreue Elemente, zum Beispiel aus Goslar, Bremen und Kopenhagen.

Fast 50 Hektar »Gartenträume und Blütenzauber« locken auch Senioren als Besucher, und es gibt über 20 Restaurants und Snack-Points. Vom 80-Meter-Turm des im Bau befindlichen Hypercoasters Kärnan reicht der Blick weit über die Ostsee – und über das »Resort am Meer«, ein stattliches Feriendorf mit fünf Haustypen in Weiß, Blau und Rot für Leute, die vom Freizeitpark nicht genug bekommen können und von hier direkten Zugang haben.

Nördlich von Hamburg ist dies die einzige Mammut-Einrichtung dieser Art, sie gehört in den verschiedensten Rankings zu den zehn beliebtesten Freizeitparks in Deutschland. Der Hansa-Park bekam als Erster vom Kinderschutzbund das »OK für Kids«, wurde mehrfach für seine Familienfreundlichkeit ausgezeichnet, auch wegen der Vielfalt seiner Angebote für jedes Alter, und wie man sieht, wird ständig weitergeplant und -gebaut.

Adresse Am Fahrenkrog 1, 23730 Sierksdorf | **Anfahrt** von Lübeck auf der A 1 Richtung Fehmarn, Ausfahrt Neustadt-Mitte, ab dort ausgeschildert | **Öffnungszeiten** April–Okt. täglich 9–18 Uhr | **Tipp** Wer so was mag – der nächste große Freizeitpark ist in der Heide, nur rund 130 Kilometer nach Süden, in Soltau, Niedersachsen.

98_Die Stoffwerkerin

Selbstgemachtes: Hält. Schön. Warm.

Sie sind weitgehend wind- und wasserdicht, knitterfrei und sehr haltbar: Walkstoffe waren im Mittelalter das Material für Outdoorkleidung, lange bevor es diesen Begriff überhaupt gab. Unter Zusatz von Seife, gefaultem Urin oder Walkererde wurde Wolle in Wasser mit Händen und Füßen bearbeitet – später auch in Mühlen mit schweren Holzhämmern, was die Fußwalker arbeitslos machte –, bis sie vollständig verfilzt war.

Noch heute gibt es traditionelle Walkmethoden, es werden aber auch neue Maschinen und Chemikalien eingesetzt. Damals war es vor allem in Skandinavien der wichtigste Stoff für Kleidung, in den Alpenländern »Loden«, oft auch einfach »Tuch« genannt. Als Ausgangsmaterial besonders beliebt war englische Wolle, und die Niederländer waren lange Marktführer im weltweiten Tuchhandel. Früher waren die Mäntel kratzig und hart, das ist längst passé, inzwischen gibt es sogar Sommer-Loden.

Elisabeth Fenske, die Stoffwerkerin, ist hier im Norden die einzige Spezialistin für dieses robuste Material, sie hat über 200 verschiedene Designs, überwiegend aus deutscher, österreichischer und Südtiroler Produktion, dazu zahllose Knöpfe, Garne und Borten. Seit 2012 hat sie in diesem Spatzenhof genannten Gut am Beginn einer traumhaft schönen Allee ihren Laden. Eigentlich ist sie gelernte Ernährungsberaterin, aber schon als Mädchen war Nähen ihr Ding. Die Eltern meinten, Schneiderin sei ein brotloser Beruf, da hat sie sich halt Schnitt-Technik und Design in Kursen selbst beigebracht.

Standardgrößen oder nach Maß, modische Sonderwünsche oder Klassiker – sie näht alle Arten Oberbekleidung, von der Jacke bis zum Poncho, mal eine Trachtenjacke, häufig jedoch in modischem Stil. Sie geht auf Kunsthandwerkermärkte, und gerne macht sie Nähkurse, in denen die Teilnehmer ihr eigenes Stück selbst fertigen. Ihr Slogan überzeugt: »Hält. Schön. Warm.«

Adresse Malkendorfer Weg 16, 23617 Stockelsdorf-Curau | **Anfahrt** von der A 1 in Lübeck auf die B 206 Richtung Bad Segeberg, hinter Stockelsdorf rechts auf die Pohnsdorfer Landstraße, in Curau rechts auf den Malkendorfer Weg zum Spatzenhof | **Öffnungszeiten** Mi 14–20 Uhr, Do 10–18 Uhr (in den Sommerferien unregelmäßig), sonst Anmeldung: e.fenske@stoffwerkerin.de | **Tipp** Weil die Klamotten ja gar nicht so teuer sind und ewig halten, ist vielleicht etwas Geld übrig? Unweit, in Timmendorfer Strand, natürlich an der Strandallee, ist das nächste Sternerestaurant, neben Stolz in Plön das einzige in Ostholstein, die Orangerie – eine Klasse für sich!

99_Der KräuterPark

Pflanzen zum Zaubern für Gesundheit und Küche

Angesichts dieser unglaublichen Vielfalt geht einem die Nase über. Und das Schöne daran: Überall stehen kleine Schilder, was das denn alles ist – allerdings so viele, dass sich das niemand merken kann: Faser-, Färber-, Öl- und Duftpflanzen, Küchen- und Wasser-, Indianische Heil- und Nutz-, vielerlei Gewürz- und ganz viele Gesundheits-Pflanzen … Halt, das sind ja hier fast alles Mittel für die Gesundheit. Wofür das alles gut ist? Herz und Kreislauf, Atemwege, Leber und Galle, gegen Frauen-, Gelenk-, Haut-, Magen- und Harn-Leiden. An einem Trockenhang wachsen Pflanzen für die Sinne – für ätherische Öle und Aromatherapie. Es gibt aber auch einen Giftpflanzengarten und ein Krabbeltierheim. Und ein »Fledermausbeet«, dessen Pflanzen Insekten und Nachtfalter anziehen, also so eine Art Zuhause für lebendiges Batman-Futter. Man lernt Getreidearten und altes Gemüse kennen und Kräuter für die Kosmetik, für Shampoos und zum Haarefärben. Und mit Pflanzen kann man Pflanzen schützen, Brühen, Jauchen, Mulch und Dünger herstellen und ihre Standorte hegen.

Das Logo am Eingang des Parks ist eine fliegende Hexe auf ihrem Besen. Träger ist die Firma re-natur, die auf natürlichen Gartenbau spezialisiert ist – von bewachsenen Dächern über Teiche, Wasserpflanzen und Pflanzenschutz bis zu Naturzäunen. Der Inhaber Paul Schwedtke hat sich mit dem KräuterPark eine Art lebendiges Pflanzenmuseum geschaffen. Im Kräuterladen kann man vielerlei einkaufen, von Alaun über Eibisch und Seifenkraut bis zur Zitronenverbene. Auch Gewürze, Stilvolles für den Garten und Bücher. Es gibt Lehrveranstaltungen und Seminare, und man kann sich in Heilpflanzenkunde ausbilden lassen.

Es braucht keinerlei Esoterik, Teufelsspuk und Volksmagie, um über die Zauberkraft vieler Kräuter zu staunen. Vor allem aber wird das Experimentieren in der Küche reich belohnt: Mit Kräutern schmeckt alles viel besser.

Adresse Am Pfeifenkopf 9, 24601 Stolpe | **Anfahrt** B 430 nach Neumünster, weiter nach Bornhöved, auf der B 21 nach Norden, in Stolpe ausgeschildert | **Öffnungszeiten** März, Nov. Sa, So 10–18 Uhr, April–Okt. Di–So 10–18 Uhr | **Tipp** Schon ein Dutzend Kräuter auf dem Balkon bereichert den Genuss und die Gesundheit, kurz: das Leben. Hier kann man sich beraten lassen. Und die Kräuterführerin Iris Bein aus Scharbeutz kennt sich aus – man kann sie auch für eine Führung engagieren: bein.iris@t-online.de.

100 Die Niederdeutsche Bühne

Plattsnacker: »Kumm doch mal vörbi!«

Schon um die vorvorige Jahrhundertwende gegründet, stellt der Theaterverein der Niederdeutschen Bühne eine Menge auf die Beine. Wie so oft im ländlichen Raum schafft der ehrenamtliche Einsatz aller Beteiligten eine einmalige kleine Kulturinsel, hier für das lebendige Leben und Spielen op Platt. Sie werben als »Theater mit dem besonderen Flair«, und ihnen gehört mit der Kulturscheune Süsel als einziger Theatertruppe weit und breit ein festes Haus mit 136 Plätzen. Über die Hälfte der 60 Aufführungen jährlich spielen sie selbst – wie »Dat Moord-Komplott«, »De Trooschien« und »Ehe op Tiet«. Mit von der Partie sind auch Kinder und Jugendliche, rund ein Dutzend »lütte Plattsnackers«. Die übrigen Abo-Programme – Komödie, Lustspiel oder Schwank, auch mal ernste Stücke – werden durch Gastspiele von auswärts bestritten, wie vom Plöner »Theater Zeitgeist« und der Niederdeutschen Bühne Neumünster. Musikabende, Operetten, Jazz und plattdeutsche Folklore runden das Scheunenprogramm ab. Für Leute aus der Gegend: Mitmachen? »Wi wülltt di Plattdüütsche Spraak de Lüd neger bringen, jeden Maandag üm Klock veer drept wi uns in de Kulturschüün. Kumm doch mal vörbi!«, wünschen die Deerns und Jungs vom Theaternachwuchs.

Übrigens ist Plattdeutsch in Schleswig-Holstein eine Amtssprache, die Behörden müssen entsprechende Anfragen bearbeiten und dürfen sie op Platt beantworten. Die Schätzungen schwanken, in Deutschland gibt es vier bis sechs Millionen Menschen, die – als Muttersprachler, mindestens jedoch gut – Niederdeutsch sprechen. In der Zeit der Hanse vom 12. bis 16. Jahrhundert war Mittelniederdeutsch die allgemeine Verkehrssprache. Es gibt Ähnlichkeiten zum Englischen und Friesischen, mit vielerlei Abwandlungen und Dialekten, die in den »niederen«, also nördlichen Landen praktiziert werden. Das Gästebuch meint: »Maakt so wieder« und »echt cool hier«.

Adresse Pastor-Dr.-Fuchs-Weg 3, 23701 Süsel | **Anfahrt** die A 1 von Lübeck, Abfahrt B 76 Richtung Eutin, in Süsel mitten im Ort | **Öffnungszeiten** Karten gibt's Di, Mi, Fr 14–18 Uhr unter Tel. 04524/1379 und Do 17–18 Uhr im Foyer | **Tipp** Von Münster bis Flensburg, Jever bis Stralsund gibt es zahlreiche Vereine und Gruppen für plattdeutsches Theater – auch der staunende Fremde hat einen Heidenspaß, selbst wenn er nur die Hälfte versteht.

101 Der Wakeboard-Park

Freeriden über Obstacles für Kids und Könner

Er war zweimal Europameister am Boot, aber er ist überzeugt, dass der Spaß am Rail-Riding und Jibben dazu führt, dass Cables die Zukunft vom Wakeboarden sind, auch weil es ständig neue Obstacles gibt. Das Winchen und die Pool Gaps fand er cool, und in Valencia stellte er First Try den Back Mobe 5 hin. Wie? Nix verstanden? Das stammt aus einem Interview mit dem Cable-Shredder Dom Hernler, der »sich beim Freeriden oder auf Contests in unsere Hirne genagelt hat«.

Und der Mittdreißiger Christian Rumpel bestätigt, dass auch bei ihm in Süsel das spektakuläre Wakeboarden massiv auf dem Vormarsch und Wasserski stark rückläufig ist. Er gehört zum Clan der Rumpel-Familie; sein Opa, der Schlesienflüchtling Karl, begann einst mit Kiesabbau und ahnte nicht, dass hier am Rumpelsee einmal die zweitgrößte Wasserski- und Wakeboardanlage Deutschlands entstehen würde, die einzige mit gleich drei Bahnen. Und in Norderstedt haben sie schon einen zweiten Park.

Mit etwa neun Jahren geht's los. Dann sind die Kids schnell voll gestoked; die Kernzielgruppe sind lässige Jungs von 13 bis 35 Jahren. Frauen stellen kaum ein Viertel (ihre Zahl nimmt aber zu), im Spezial-Bikini, dessen Cups nicht verrutschen. Täglich gibt's Anfängerkurse, und es kommen viele Besucher auf die Terrasse des Lokals am Start von Bahn 1, auch Ältere, die nur gucken und staunen wollen über die sensationellen Sprünge. Ein Steckenpferd des Unternehmens sind Gruppen – ob Vereine und Schulklassen oder Firmen-Events –, die eine Anlage für zwei Stunden mieten. Das normale Tempo sind knapp 30 Stundenkilometer, aber Clubs gehen bis fast 60; dafür braucht man die richtigen Neoprenanzüge, Helme und Boots, die man hier mieten kann. Und natürlich die heißen Boards, mit agilem Flex für Ollie-Ups, mit Hybrid-Technologie und Single Concave, mit V-Hull-Shape, 3 Stage-Rocker und Ever Shred Base. Aha!

Adresse Süseler Moor 2, 23701 Süsel, www.wasserski-suesel.de | Anfahrt von Lübeck A 1 nach Norden, auf die B 76 Richtung Eutin und Kiel, nach etwa 5 Kilometern links ausgeschildert | Öffnungszeiten Mo – Fr saisonabhängig, Sa, So ab 12/13 Uhr, siehe Homepage | Tipp Keine Lust auf Wasser? Der Gelände-Reiterpark Süseler Baum im Bujendorfer Weg, von einem Verein getragen, mit großem Gelände und Galopprennbahn, ist großartig.

102__Der Gömnitzer Turm

Ein weiter Blick auf die Geschichte

Bis vor 200 Jahren stand auf der Spitze des Gömnitzer Berges ein mächtiger Baum – Eiche oder Buche, »Major« genannt –, der den Schiffen in der Bucht als Landmarke den Weg nach Lübeck zeigte. Als er jedoch durch Sturm und Blitzschlag zerstört wurde, wünschte sich die Travemünder Lotsenkommandantur vom Oldenburger Herzog, dem Landesherrn des Fürstentums Lübeck, die Errichtung eines künstlichen Seezeichens.

Auf dem 94 Meter hohen Berg westlich von Neustadt, einer eiszeitlichen Endmoräne des baltischen Landrückens, wurde der Turm 1828 auf einem Fundament auf dem ovalen Plateau mitten auf einer Wiese aus Feldsteinen gemauert. Angeblich stammten sie aus einem steinzeitlichen Großsteingrab. Die hohe Säule mit zwei Metern Durchmesser misst 30 Fuß (acht Meter), ist weder architektonisch noch sonst was Besonderes – bis auf diese unglaubliche Aussicht: Über 41 Stufen der Wendeltreppe geht es nach oben, wo durch vier Lichtschächte der Blick über die Holsteinische Schweiz und (natürlich nur bei vollkommen klarem Wetter) weit über die Bucht reicht.

Über Jahrhunderte hatten sich Lübeck und Mecklenburg über die politischen und Schifffahrts-Hoheitsrechte und die Fischereigrenze in der Travemünder Bucht gestritten. In einem aufsehenerregenden Prozess vor dem Staatsgerichtshof wurde 1928 die Grenze festgelegt – sie führt vom Gömnitzer Turm im Nordwesten geradewegs über die Bucht zur Mündung der Harkenbeck im Südosten und gilt noch heute für das Fischereirecht Lübecks sowie zwischen den Bundesländern Schleswig-Holstein und Mecklenburg-Vorpommern. Eigentlich sollte der Turm in den 60ern abgerissen werden, wurde dann jedoch unter Denkmalschutz gestellt und ist das Wahrzeichen im Wappen der Gemeinde Süsel. In deren Gebiet, zu dem 15 Dörfer gehören, einen Katzensprung von der quirligen Ostseeküste entfernt, gibt's ein umfangreiches Wander-, Rad- und Reitwegenetz.

Adresse Zum Major, 23701 Süsel-Gömnitz | **Anfahrt** von Lübeck die A 1, Abfahrt Neustadt, links auf die Neustädter Straße westlich, rechts die Straße Zum Major führt hinauf | **Tipp** Nach einem Spaziergang über die Süseler Wanderwege empfiehlt sich ein leckeres Fischbrötchen in Neustadt zum selbst gebrauten Bier in Klüver's Brauhaus mit Blick auf den gemütlichen Hafen.

103 Das Motocross-Gelände

Mit Gatschhupfern für Kids und Damen

»Hier scheidet sich die Spreu vom Weizen«, meint stolz Holger Zankel, der Vorsitzende des MCE (Motocross- und Enduroclub). Denn die anspruchsvolle 1.850-Meter-Strecke ist so geschätzt wie gefürchtet. Große Rennen sind alljährlich die Höhepunkte, darunter die Norddeutschen Meisterschaften mit etwa 250 Fahrern. Und für die MX Masters kommt auch die europäische Elite nach Tensfeld.

Die ADAC-Anlage gibt's seit zwei Jahrzehnten, der noch junge Verein hat etwa 200 Mitglieder, mit 60 Kindern aus ganz Schleswig-Holstein. Besonders samstags geht's hier zur Sache, dann ist öffentliches Training, bei dem die Familien komplett dabei sind. Mittwochs arbeiten Trainer mit den Jugendlichen; für Kinder bis zehn Jahre gibt's eine extra 500-Meter-Strecke.

Motocross-Maschinen brauchen keine Straßenzulassung, anders als Enduros. Das sind die Geländemotorräder, von den Österreichern lautmalerisch hübsch Gatschhupfer genannt, mit Rallye-, Reise- und Freeride-Typen. Für sie gibt's mit der Offroadscramble eine Trainingsrennserie für Einsteiger und Hobbyfahrer. Weil hier der Boden tief sandig ist, schafft selbst heftiger Regen kein Problem; es kann das ganze Jahr gefahren werden. Auch Quad- und Seitenwagenfahrer haben ihr Vergnügen. Die Finanzierung läuft über die Gebühren im Trainingsbetrieb, und ehrenamtliche Motorsportbegeisterte pflegen die Anlage mit aufopferungsvollem Einsatz. In der Motocross-Schule des ADAC können auch Kinder angemeldet werden, die auf clubeigenen Motorrädern probieren, ob der Sport ihnen Spaß macht; es ist ein mitreißendes Vergnügen, den Dötzchen dabei zuzuschauen. Überhaupt wird hier für die Jugend besonders viel getan – gibt's was Besseres, um die Kids von der Straße zu holen? Übrigens: Beim ersten Geländerennen 1908 in England traten Motorräder gegen Pferde an. Natürlich gewannen Letztere, weil von den Ersteren fast keins bis ins Ziel kam.

Adresse Tarbeker Landstraße, 23824 Tensfeld, www.mcetensfeld.de | **Anfahrt** in Bornhöved auf die B 430 Richtung Plön, rechts nach Tarbek, geradeaus bis zum Gelände | **Öffnungszeiten** Events und Trainingszeiten auf der Homepage | **Tipp** Dieses Hobby hat's ja nicht leicht – »weil mit Geräusch verbunden«. Ein liebenswürdiges Motocrossgelände gibt's in Malente-Kreuzfeld – von einigen intoleranten Anwohnern nach dem St-Florians-Prinzip bekämpft, aber ein Segen für die Jugend. Hinfahren und staunen!

104_Das Sea Life Centre

Vielfalt, Schönheit und Grausamkeit der Natur

Weltweit gibt es drei Dutzend Sea Life Centres, damit ist es der größte Aquarienbetreiber; neun davon sind in Deutschland, hier in Timmendorfer Strand besonders attraktiv unmittelbar an der Ostsee gelegen. Von den 2.500 Tieren sind für Besucher meist die Haie am attraktivsten – dabei gibt es auf dem Gelände mit über 30 Themenbecken ungeheuer viel aus der fremden Wasserwelt zu entdecken: Wikingerbereich und die Küsten Europas, Winterfjord und Mangrovenbecken, den Fehrmarnsund, einen Acht-Meter-Tunnel unter einem Becken mit 200 Arten und eine Felsengrotte.

Die Schwarzspitzen-Riffhaie leben zusammen mit gemütlichen Ammenhaien im 200.000-Liter-Becken; bei den Katzenhaien kann man die Bewegungen der Embryonen in den Eiern beobachten. Die geselligen, mit Haien verwandten Rochen haben das Maul an der Unterseite, die Augen obendrauf und flügelähnliche große Flossen. Die anregenden Gegenstücke zu den Riesen leben im Berührungsbecken – hier kann man die Tentakel der Seeanemone befühlen, Krabben, Krebse und Seesterne anfassen. Besonders bezaubernd ist die Welt der empfindlichen Seepferdchen in der Seegraswiese; sie sind Fische ohne Schuppen, den Nachwuchs brüten die Männchen in einer Bauchtasche aus, und im Sea Life werden diese vom Aussterben bedrohten, langsamen Senkrecht-Schwimmer auch für die Arterhaltung gezüchtet. Durchscheinende Quallen gibt's in zahllosen Größen und Formen. Kraken haben blaues Blut, drei Herzen, bestehen weitgehend aus einem einzigen Muskel und sind hochintelligent. Und Krebse werfen ihre Schalen ab, ihre verlorenen Gliedmaßen wachsen nach.

Besonders aufregend sind naturgemäß die Fütterungen – der Haie, Rochen und Seebarsche, der Meeresschildkröten, der Seewölfe, Seespinnen und Seenelken. Es ist einfach nicht zu fassen, wie absurd und schön und mitleidlos die Natur in den Gewässern der Erde ihre Phantasie auslebt.

Adresse Kurpromenade 5, 23669 Timmendorfer Strand | **Anfahrt** die A 1 von Lübeck, Abfahrt 18, ausgeschildert bis Famila-Parkplatz, dann 300 Meter | **Öffnungszeiten** täglich ab 10 Uhr, wechselnd bis 17, 18 oder in der Saison 19 Uhr | **Tipp** Vergleichsweise klein ist die liebevoll geführte Meeresbiologische Station in Laboe, auf Tiere und Pflanzen der Ostsee spezialisiert – inklusive Ausfahrten auf einem Forschungsschiff von der schönen Adresse Strand 1.

105_Der Vogelpark

Wie es piept und krächzt und trötet

Sibirischer, Wüsten-, Fisch-, Bengal- oder Turkmenen-Uhu; Choliba-, Masken-, Schleier-, Waldohr-, Schneeohr- oder gar Kaninchen-Eule; Brillen-, Stein-, Perl-, Bart-, Habichts-, Woodford-, Brasilzwerg- oder einfach unser heimischer Waldkauz – hier in Niendorf gibt es eine der größten Sammlungen lebendiger Eulen weltweit! 38 Arten wurden hier schon gezüchtet.

Unweit vom Ferienrummel in den Urlaubshochburgen an der Ostsee hat Klaus Langfeldt eine Oase für Vögel aufgebaut. Zwei Kilometer Wanderwege ziehen sich zwischen Schilf und Teichen durch die 70.000 Quadratmeter. Die Gehege und reetgedeckten Tierhäuser fügen sich in die natürliche Umgebung ein.

Die Ostsee und der Hafen sind wenige Meter entfernt, und doch wirkt dieses Areal, in einem natürlichen Sumpfgebiet, wie eine Oase in der Natur jenseits des Touristenrummels. Der Vogelpark beherbergt rund 1.000 Tiere in 250 verschiedenen Arten. In der friedlichen Schilflandschaft, die von dem Naturschutzgebiet Aalbeek-Niederung umgeben ist, gibt es vielerlei zoologische Raritäten wie ungewöhnliche Kraniche, seltene Reiher, Pelikane und andere Sumpf- und Wasservögel. 15 Storcharten, wie hier, gibt es nirgends sonst in Europa.

Zahlreiche Enten- und Gänsearten leben im Park, aber auch Papageien, Fasane, Greifvögel wie Bussarde und, na klar, Anden-, Gänse-, Schnee- und Mönchs-Geier; viele Vögel zeigen erstaunlich wenig Scheu vor den Menschen. Vom Café den Flamingos zuzuschauen lässt im Nu die Zeit vergehen. »Wie es piept und ruft und flötet / bei der munt'ren Vogelschar / oder krächzt und pfeift und trötet / oder singt ganz wunderbar« heißt es in einem Vogelpark-Gedicht der Besucherin Maschmann. Und richtig: »Jenem Zauber dieses Ortes / dem erliegt man irgendwann. / Dann gibt's Kaffee und auch Kuchen / im Café im Sonnenlicht. / Diese Vögel zu besuchen, / das vergisst man sicher nicht.«

Adresse An der Aalbeek, 23669 Timmendorfer Strand-Niendorf | Anfahrt die B 76 von Timmendorfer Strand Richtung Travemünde | Öffnungszeiten täglich 9–20 Uhr, wenn's dunkler ist, von 10 Uhr bis Dunkelheit | Tipp Die größte Kryptodepression Deutschlands – auf Deutsch: der tiefste Punkt des Seebodens – ist in Timmendorfer Strand im Hemmelsdorfer See, genau 39,5 Meter unter null.

106 Gut Kamp

Die Rettung der Schleswiger Kaltblüter

Kutschfahrten gibt's in der Gegend ja öfter – jedoch nirgends so »original« wie hier, mit den selbst gezüchteten Ackergäulen. Dies ist weit und breit der einzige Gutshof, auf dem noch Schleswiger Kaltblutpferde gezüchtet werden. Der Junior, Peter Isenberg, berichtet, dass sein Großvater Jürgen im Krieg in Russland die Ausdauer, Zugleistung und Zuverlässigkeit dieser Rasse schätzen lernte, wo er mit zwei Wallachen zur Versorgung der Truppen unterwegs war und sich vornahm, sie nach seiner Rückkehr zu züchten. Dadurch verhinderte er das vollkommene Aussterben der Schleswiger, die nach dem Aufkommen der Motorisierung in der Landwirtschaft zu Zigtausenden in die Schlachthöfe gingen. Und Gerd Hutzfeld, der schon über 40 Jahre auf dem Hof arbeitet, erzählt, wie er damals die Ackerei auf den Feldern noch miterlebt hat.

Mit guten Geschäften auf seiner Zuckerrohrplantage auf Hawaii hatte der Bremer Kaufmann Paul Isenberg das Geld verdient, um 1895 die Güter Travenort und Kamp zu kaufen. Das 1897 errichtete und 1927 völlig umgebaute Herrenhaus auf Kamp ist eindrucksvoll. Die Pferde werden erst mit drei Jahren zur Arbeit angelernt. Bei Arbeiten im Forst kann durch ihren Einsatz das Schlagen breiter Schneisen vermieden werden, und ihre Hufe richten weniger Schaden an als große Maschinen. Sie werden gerne zum Rückeinsatz genutzt, wenn dort, wo Maschinen nicht hinkommen, Bäume mit den Wurzeln vollständig herausgerissen werden müssen. Und für Fahrten im Planwagen sind sie stark und geduldig, egal, ob Betriebsfest, Ausflug der Landfrauen oder zu Himmelfahrt.

Die Zucht ist eine Liebhaberei zum Erhalt der Tradition; das Gut mit 140 Hektar lebt von Raps, Weizen, Gerste … Übrigens: Die Kaltblüter heißen nicht so aufgrund der Temperatur des Blutes – sie ist etwas höher als bei Warmblütern –, sondern wegen ihres ruhigen Temperaments.

Cool.

Adresse Kamp 1, 23827 Travenhorst | **Anfahrt** auf halbem Weg auf der B 432 zwischen Scharbeutz und Bad Segeberg links über die Berliner Straße nach, ja: nach Berlin, im Ort links über die Heerstraße bis zum Gut | **Öffnungszeiten** Termin vereinbaren über info@gutkamp.de | **Tipp** »Berlin ist eine Reise wert« – stimmt, das 10 Minuten von Kamp entfernte Dorf hat 600 Einwohner, ist idyllisch und ruhig, und ein Schild zeigt, was man dort auf einem Hof auch kaufen kann: Stutenmilch.

107 Das Benediktinerkloster

Ora et labora et lege: Bescheidenheit ist eine Zier

Über 18, katholisch und unverheiratet? Wie wär's damit, Benediktinermönch im Kloster Nütschau zu werden? Junge Leute können hier auch ein freiwilliges soziales Jahr verbringen und leben im Jugendhaus. Oder man kann als Gast den Tagesablauf mit den Mönchen teilen gemäß der Ordensregel: Ora et labora et lege (bete und arbeite und lies), vom Aufstehen um sechs über das Singen der Laudes um sieben, vielerlei Arbeit in Haus und Verwaltung, Obstgarten und Wald, Mittag, Vesper und Rekreation bis zum letzten Gebet vor dem Silentium, dem Komplet um neun Uhr abends. Viermal am Tag singen alle gemeinsam das so beeindruckende Stundengebet in der Klosterkirche. Das Haus Raphael dient Männern in Lebenskrisen, auf der Suche nach sich selbst, als »Kloster auf Zeit«. Es gibt Familienwochenenden, und in der Bildungsstätte Haus Ansgar werden zweimal jährlich Familienferien angeboten.

Wer bei Klöstern an ehrwürdiges Alter denkt, liegt hier verkehrt: Erst 1951 kaufte der Bischof von Osnabrück dieses Gut. Das Herrenhaus, ein Dreigiebelhaus mit je großem Satteldach, wurde von Graf Heinrich Rantzau vor rund 450 Jahren gebaut und ist heute das Wahrzeichen Nütschaus. In der Mitte der Anlage, im »Bereich der Stille«, in der Kapelle St. Ansgar, leuchtet die bronzene Ewig-Licht-Ampel über dem Tabernakel; sie stammt aus dem Benediktinerkloster Montecassino, das im Zweiten Weltkrieg zerstört wurde. Alle anderen Gebäude sind architektonisch zeitlose, spätere Neubauten, ebenso die Kirche mit quadratischem Grundriss und einer bezaubernden, dreiseitigen farbigen Bleiverglasung. Die knapp 20 Klosterbrüder verstehen sich als Weggemeinschaft, sie leben in äußerster Bescheidenheit – wie auch Kardinal Ratzinger es forderte, nach fast 500 Jahren der erste deutsche Papst, der den Namen Benedikt annahm.

Hier wurde 1958 der Heimatfilm »Das Mädchen vom Moorhof« gedreht, nach einer Novelle von Selma Lagerlöf.

Adresse Schloßstraße 26, 23843 Travenbrück-Nütschau | **Anfahrt** von der A 21 Abfahrt Bad Oldesloe-Nord nach Nütschau | **Öffnungszeiten** Mo–Fr 8–12 und 14.30–17 Uhr, Sa 8–11.30 und 13.30–15 Uhr | **Tipp** Zum Thema Religion: Die denkmalgeschützte Mennokate aus dem 16. Jahrhundert, nach Menno Simons benannt, unweit, in Bad Oldesloe, ist ein Museum für den Gründer der Mennoniten, einer evangelischen Freikirche der Täuferbewegung (www.mennokate.de).

108_Das Hotel Grand Village

Millionen für einen stilvollen Luxus-Traum

»Wir ziehen keine Zäune«, meint Jan Henrik Buettner, der seinem obercoolen Luxusschuppen »souveräne Lässigkeit« attestiert und, passend, meint: »Man muss diesen Ort im Leben gesehen haben.« Er hat nicht unrecht, sein Resort für etwas weltweit Besonderes zu halten.

Unweit liegt die Massenanlage Weissenhäuser Strand mit Deutschlands größter Wasserspiellandschaft und Abenteuer-Dschungelland. Davon spürt man hier nichts, auf diesen 75 Hektar mit 40 Gebäuden plus Neobarock-Schloss, die heruntergekommen waren, als Buettner sie für sieben Millionen kaufte. Inzwischen sind an die 80 Millionen verbaut, auch Gelder von EU, Bund und Land. Und für weiteres Wachstum werden durch Crowdfunding weitere zig Millionen für den schrittweisen Ausbau von 60 auf 200 Zimmer und Suiten aufgetrieben. Hotelbesitzer Buettner verkaufte seine AOL-Anteile für 160 Millionen. Etwas davon investierte er in dieser zauberhaften Gegend, die er aus der Kindheit vom Ferienhaus seiner Eltern kannte, mit dem schönen Lagerfeld-Zitat zur Einweihung: »Dort, wo das Geld zum Fenster hinausgeht, kommt es meist auch zur Tür wieder rein.« Im Schloss gibt's ein besterntes Gourmetrestaurant, Vinothek, kleines Kino, Gewölbebar und diverse Lounges, natürlich mit offenen Kaminen. Ein Tunnel führt in den 1.500-Quadratmeter-Spa. Von der grandios ausgebauten Reetdach-Kulturscheune mit aller erdenklichen Technik über ein Amphitheater bis zur Schicki-Strandbar bleibt kein Wunsch der Gäste unerfüllt, die so zwischen 350 und 1.300 Euro pro Nacht löhnen. Und wenn sie im Gym die Geräte nutzen, wird ihre Energie gespeichert und für den Betrieb genutzt.

Trotz allen offensichtlichen Reichtums ist der Hausherr parterre geblieben, legt Wert darauf, Produkte aus der Region zu verarbeiten, hiesige Handwerker zu beschäftigen und dieses traumhafte Unternehmen in der Region zu verankern.

Adresse Parkallee 1–11, 23758 Wangels-Weißenhaus | **Anfahrt** A 1 von Lübeck nach Norden, vor Oldenburg die B 202 Richtung Lütjenburg, rechts ausgeschildert | **Öffnungszeiten** einfach hinfahren oder Termin machen über info@weissenhaus.net | **Tipp** Mal richtig gut essen gehen? »Hip und stylish« findet's jemand im Internet: Mit »California Cuisine Made in Holstein« wirbt das zum Hotel gehörende »Bootshaus«, ein Restaurant am Meer; es versteht sich als Konkurrent zum berühmten »Sansibar« auf Sylt.

109 Die Arche für Nutztiere

Vielerlei Haustiere – und das Protestschwein

Das weitläufige Gelände auf über 80 Hektar Park- und Pachtland ist Europas größtes Zentrum für seltene und vom Aussterben bedrohte Haus- und Nutztierrassen, eingebettet in einen intakten, ursprünglichen Landschaftspark. 1.200 Tiere in über 80 Rassen leben hier, von ganz unspektakulär wirkenden Hühnern und Enten, Schafen und Ziegen über Riesenesel bis zum Wasserbüffel. Auch ein renaturierter Bach und Teiche bieten den Tieren ein natürliches Zuhause. Dies ist außerdem die größte Freianlage für unterschiedlichste Schweine in einer zoologischen Einrichtung, besonders die robuste Turopolje-Rasse fällt auf – sie haben Schwimmhäute, tauchen in ihrer Heimat in Slowenien und Kroatien nach Muscheln und waren durch den Krieg bis auf zwei Dutzend Tiere eines Hirten verschwunden.

Der Tierpark wurde 1990 privat gegründet, ging aber pleite; Greenpeace kaufte ihn 2013 vom Insolvenzverwalter. Langfristig soll hier ein europäisches Wissenszentrum für Haustiere realisiert werden. Für Besucher gibt es Hofladen und Restaurant, Spielanlagen für Kinder und ein Schauhaus, auch eine Reitanlage. Was vor 15.000 Jahren mit der Domestizierung der Hunde begann, um 10.000 v. Chr. mit Schafen und Ziegen und 8.000 v. Chr. mit dem Hausschwein fortgesetzt wurde, wird in einer Steinzeitsiedlung lebendig erläutert.

In dieser Arche wird die genetische Vielfalt für kommende Generationen geschützt. Beim Herumwandern oder gar beim Einschlafen in einer der Übernachtungshütten beginnt man nachzudenken über das so seltsame Verhältnis des Menschen zu den Tieren. Und das rot-bunte Ferkel erzählt die Geschichte vom Husumer Protestschwein, einer Rasse, die ausgestorben war: Die Dänen in Nordfriesland durften ihre Fahne, den Dannebrog, nach der Rückeroberung durch Preußen und Österreich nicht hissen. Aus Protest gegen das Verbot züchteten sie um die vorige Jahrhundertwende diese rot-weißen Sattelschweine.

Adresse Langwedeler Weg 11, 24646 Warder | Anfahrt A 7 Richtung Rendsburg, Abfahrt nach Warder, ausgeschildert | Öffnungszeiten täglich 10–20 Uhr, im Winter bis zur Dunkelheit | Tipp Etwa 20 Minuten nordwestlich in Flintbek steht der wohl älteste Baum Schleswig-Holsteins, eine bis zu 1.000 Jahre alte Eibe. Schon beim Bau der Kirche 1223 wird sie als »altes Exemplar« bezeichnet.

110 Karls Erlebnis-Dorf

Hier hat sich jemand verdammt viel einfallen lassen

Was im Mittelalter auf Jahrmärkten begann, führte über Vergnügungsparks bis zu solchen neuen Themenwelten. Vor allem für Kinder wird in diesem Remmidemmi-Dorf viel geboten, weshalb es zu den beliebtesten Familienausflugszielen im Land gehört: Tobeland und Schatzhöhle, allerlei Tiere – Meerschweinchen, Vögel, Ratten, Ziegen und Ponyreiten –, Gokart, auf einem Berg Stroh hopsen, Mini-Bagger, Kletterbaum, der Wasserspielplatz »Ferkelsuhle«, die Kartoffelsack-Rutsche und die Fahrt mit der Traktorbahn – jede Menge Angebote, um den Nachwuchs zu beschäftigen.

Jahreszeitlich gibt's in abenteuerlichen Mengen Erdbeeren und Kürbisse, und der Bauernmarkt bietet schlicht alles, von Saft und Likör, Sanddorn und Honig bis zur Hofbäckerei und der Marmeladenküche, wo man bei der Arbeit zuschauen kann. Man bekommt Teig und einen Stock, um an der Feuerstelle selbst zu backen, es gibt den Grusel-Oktober, Weihnachtsangebote und die Seifenküche. Witzig ist die Bonbon-Manufaktur mit Vorführungen der Produktion, man kann Kerzen ziehen oder Keramik selbst anmalen. Schließlich findet sich auch allerlei für Haus, Hof und Garten, von Bunzlauer Keramik bis zu Geschenkartikeln, Fellen und Büchern, Kirschkern- und Dinkelkissen, Muscheln und Modellschiffen.

Auch wenn man kein Freund solcher Event-Schuppen ist, »Karls« ist sicherlich ein Musterbeispiel für unsere Erlebnis- und Konsumgesellschaft und hat viel ausgesprochen Originelles zu bieten. Und natürlich gibt es jede Menge zu picheln und zu futtern. Die Bratwurst für die zwei Stände ist selbst hergestellt; im großen Selbstbedienungsrestaurant kann man sich im Gedränge die Gerichte selbst zusammenstellen; und pfiffig ist die Idee, eine Stunde vor Ladenschluss alle Speisen zum halben Preis anzubieten. Wie auch immer, »Karls« ist ein Er-Eignis – das kommt von »vor Augen stellen«. – Stimmt: Hier gibt es viel zu gucken. Übrigens gib's bei Rostock und Berlin und auf Rügen vier weitere »Karls«.

Adresse Fuchsbergstraße 4, Warnsdorf in 23626 Ratekau | **Anfahrt** A 1 von Lübeck, Abfahrt Ratekau, nach 400 Metern rechts, in Kreuzkamp links – noch 5 Kilometer | **Öffnungszeiten** täglich 8 – 19 Uhr | **Tipp** In Ratekau nebenan steht ein seltenes Naturdenkmal: Die abgestorbene Blüchereiche war Schauplatz eines besonderen Events: 1806 legten hier, im Beisein von Blücher und Bernadotte, die preußischen Soldaten ihre Waffen ab und gingen in französische Gefangenschaft.

111 Die Hippotherapie

Von Tieren und Menschen, Kunst und Natur

»Wer Pferde führen kann, bekommt ein Gefühl für Verantwortung und den Umgang zwischen uns Menschen« und »Das Tier ist eine Erweiterung fürs Leben«: Die Hippotherapie folgt dieser Erkenntnis – in dieser Konsequenz mit täglichen therapeutischen Stunden mit den Eigentümern Amélie und Rüdiger von Bülow-Sartory. Das ist einmalig in der Region.

Sie ist Physiotherapeutin, er ist Architekt, hat jedoch sein Leben mit Pferden verbracht, die hier für den komplexen Umgang mit den Kranken ausgebildet werden. »Wir sind Dolmetscher« für den Umgang von Mensch und Tier, ist ihr Motto. Im Zentrum steht die heilpädagogische Förderung von kranken und verhaltensauffälligen Kindern. Die andere Hälfte der Patienten sind Erwachsene, physiologisch Kranke, auch Rollstuhlfahrer, die hier über den Kontakt zum »Partner Pferd« Kraft schöpfen. Die Therapie hilft bei vielerlei Krankheitsbildern wie Multipler Sklerose, Spastiken oder Gleichgewichtsstörungen.

Um 1800 hat der berühmte General Lafayette hier gelebt. Die Bülows sind ein altes Geschlecht, Fürsten und Bischöfe, Militärs und Künstler gehörten dazu – und der von uns allen geliebte Loriot. Amélie ist hier aufgewachsen, ihr Urgroßvater von Bülow kaufte Ende des 19. Jahrhunderts diesen Besitz, der früher eine Insel war, und ließ das Gutshaus bauen, heute Schauplatz zahlreicher Seminare und Tagungen: Malen und Trommeln, Bogenschießen und Tango, Coaching, Yoga und ayurvedisch Kochen, Stimm- und Gesang-Workshops gehören zum Repertoire. Und hier am europäischen Wanderweg Nummer eins gibt es auch Ferienvermietung sowie Bed & Breakfast. Es finden wechselnde Ausstellungen statt, und auf einem Rundweg am Wasser kontrastieren drei Dutzend kinetische Skulpturen aus Stein und Stahl mit der friedlichen Natur. Alles zusammen, Gesundheit und Tanz, Malerei und Musik, schaltet in diesem Idyll das Gebrüll der Welt für eine Weile aus.

Adresse Gut Wittmoldt, 24306 Wittmoldt | Anfahrt auf der B 76 von Lübeck nach Kiel 3 Kilometer hinter Plön links ausgeschildert | Öffnungszeiten anmelden unter info@gut-wittmoldt.de | Tipp Es lohnt ein Ausflug zum Café mit Blick über den See im Plöner Schlossgarten, vor allem für Freunde von Küchen- und Heilkräutern, die hier vielfältig angebaut werden.

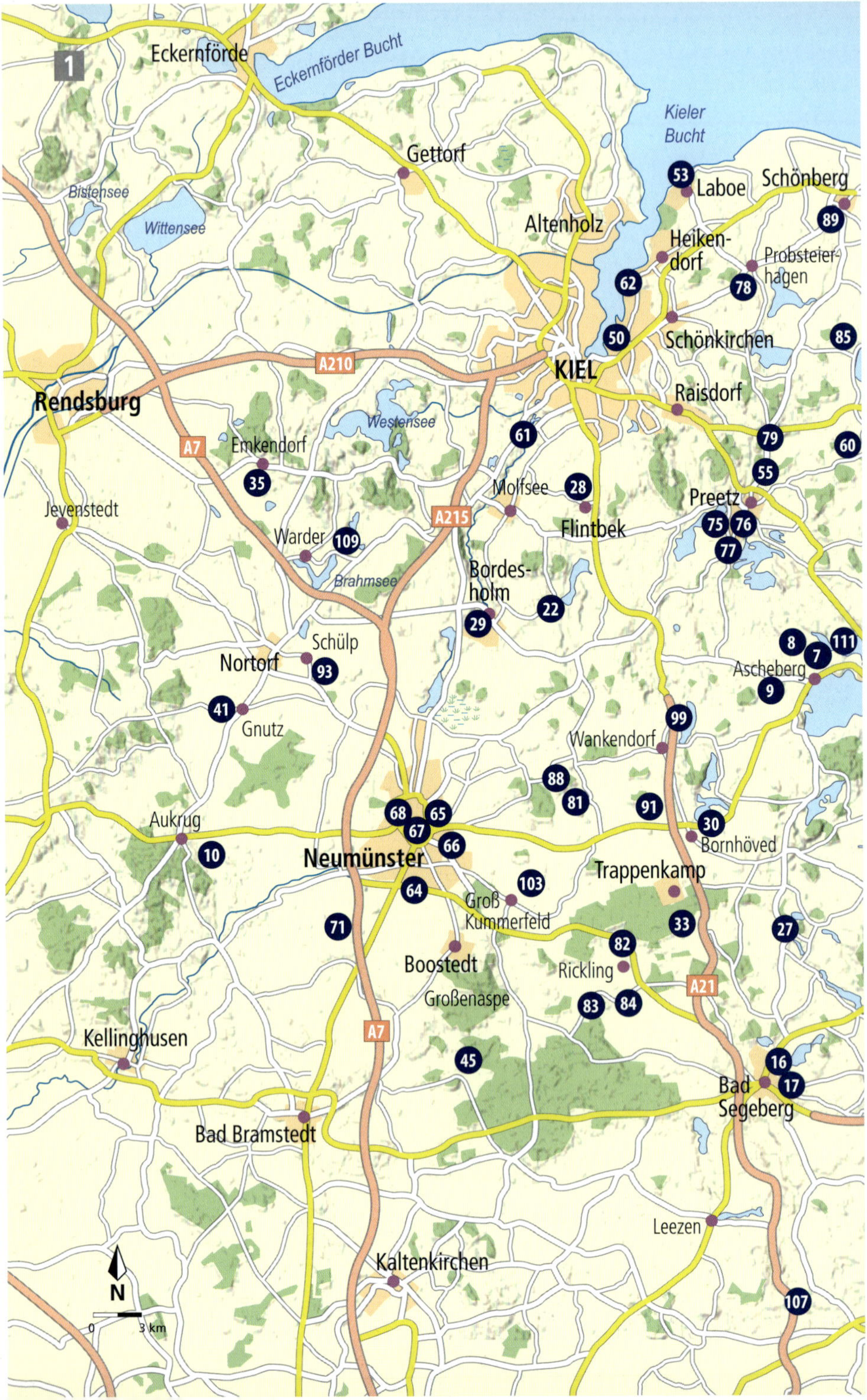

1
Eckernförde
Eckernförder Bucht
Kieler Bucht
Gettorf
Bistensee
Wittensee
Altenholz
Laboe
Schönberg
Heiken-
dorf
Probsteier-
hagen
Schönkirchen
KIEL
A210
Rendsburg
Raisdorf
Westensee
Emkendorf
A7
Molfsee
Flintbek
Preetz
Jevenstedt
A215
Warder
Brahmsee
Bordes-
holm
Schülp
Nortorf
Ascheberg
Gnutz
Wankendorf
Aukrug
Neumünster
Bornhöved
Trappenkamp
Groß
Kummerfeld
Boostedt
Rickling
Großenaspe
A21
Kellinghusen
Bad
Segeberg
Bad Bramstedt
Leezen
Kaltenkirchen
N
0
3 km
53
89
62
78
50
85
61
79
60
35
28
55
75
76
77
109
22
29
8
111
7
93
9
41
99
88
81
91
68
65
67
30
10
66
64
103
71
33
27
82
83
84
45
16
17
107

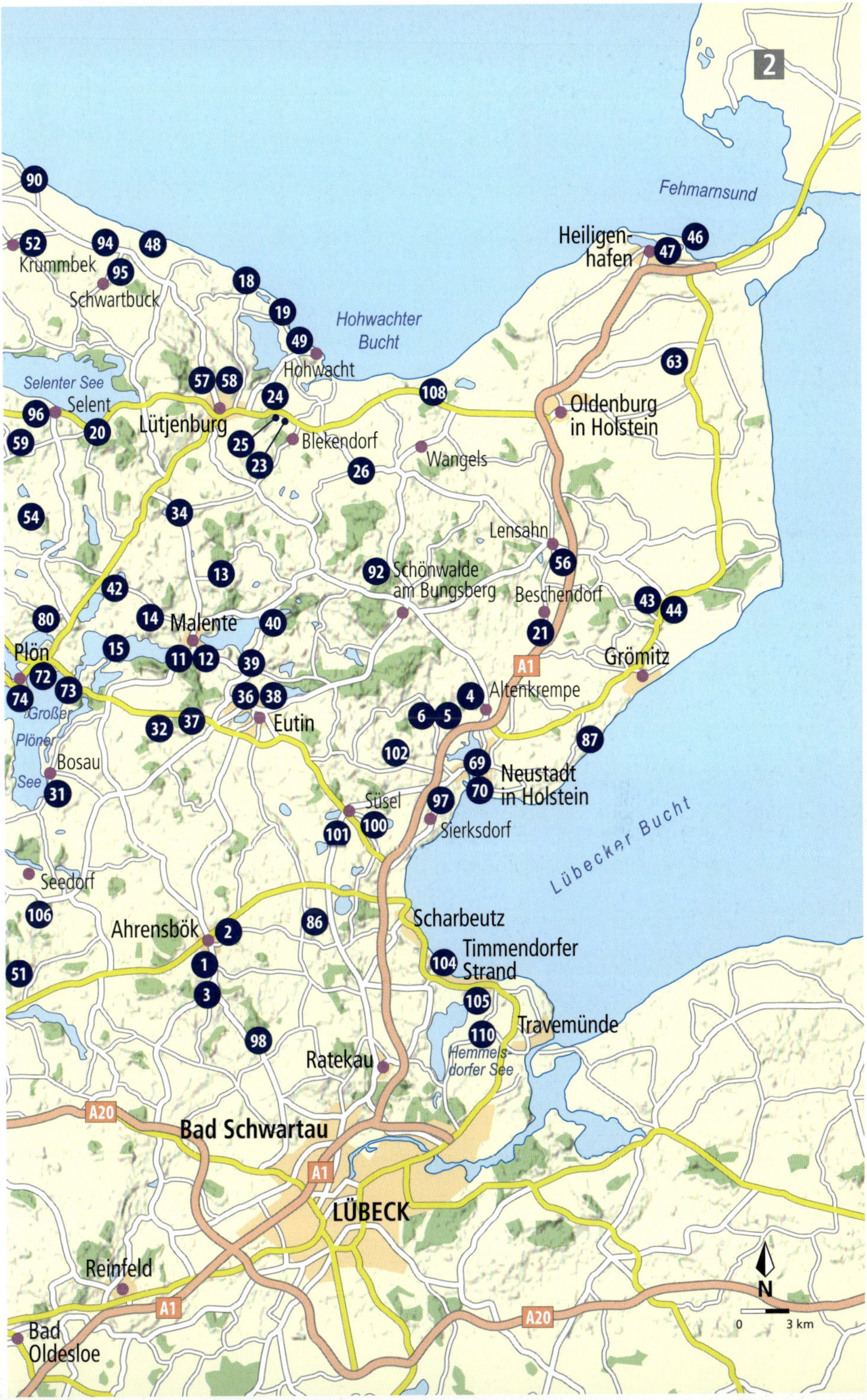

2
Fehmarnsund
Heiligenhafen
Hohwachter Bucht
Krummbek
Schwartbuck
Hohwacht
Selenter See
Selent
Lütjenburg
Blekendorf
Oldenburg in Holstein
Wangels
Lensahn
Schönwalde am Bungsberg
Beschendorf
Malente
Plön
Großer Plöner See
Grömitz
Altenkrempe
Eutin
Bosau
Neustadt in Holstein
Süsel
Sierksdorf
Lübecker Bucht
Seedorf
Scharbeutz
Ahrensbök
Timmendorfer Strand
Travemünde
Hemmelsdorfer See
Ratekau
A20
Bad Schwartau
A1
LÜBECK
Reinfeld
Bad Oldesloe
N
0
3 km

Alexandra und Jobst Schlennstedt
111 ORTE IN LÜBECK, DIE MAN GESEHEN HABEN MUSS
ISBN 978-3-95451-564-6

Holstentor, Marzipan, Hanse, sieben Türme und Ostseestrand – klar, das ist Lübeck. Zöllnerhaus, Schellbruch und Industriemuseum? Auch das ist die Hansestadt. Von Buntekuh bis Travemünde gibt es in diesem Buch 111 spezielle Orte zu entdecken. Von den engen Gassen des Weltkulturerbes über ausgedehnte Naturschutzgebiete bis zum Meer zeigt dieser Entdeckungsführer die vielfältigen Facetten Lübecks.

Alexandra und Jobst Schlennstedt
111 ORTE AN DER OSTSEEKÜSTE, DIE MAN GESEHEN HABEN MUSS
ISBN 978-3-89705-824-8

Wissen Sie, wo sich die Unterhose Lübecks befindet? Kennen Sie den ersten Baum Deutschlands mit eigener Postadresse oder den Ort, aus dem die Kieler Sprotte wirklich stammt? Erfahren Sie, wo man von Kalifornien nach Brasilien zu Fuß gehen kann, und entdecken Sie die kleinste Stadt Deutschlands. Lernen Sie 111 besondere Orte an der Ostseeküste Schleswig-Holsteins und im Hinterland kennen – denn hier gibt es weit mehr als Strand, Meer und Matjesbrötchen.

Jochen Reiss

111 ORTE IN NORDFRIESLAND, DIE MAN GESEHEN HABEN MUSS

ISBN 978-3-95451-627-8

Nordfriesland ist viel mehr als das Weltnaturerbe Wattenmeer. Als Sylt, Föhr und die Halligen. Als Vogelparadies und Seehundbänke. Als Theodor Storm und Emil Nolde. Nordfriesland ist abwechslungs- und spannungsreich. Die Geschichte der Groten Mandränken, der schweren Sturmfluten, hat die Region und ihre Menschen geprägt. Wissen Sie, wo man heute noch Spuren des Atlantis der Nordsee findet, der legendären Handelsstadt Rungholt, einst reich wie Rom? Waren Sie schon einmal auf dem Deich, über den der Schimmelreiter galoppierte? Viele Legenden werden erzählt, vieles ist mystisch, anderes sehr modern. So geheimnisvoll und verführerisch wie Nordfriesland sind nur wenige Regionen der Welt.

Sina Beerwald

111 ORTE AUF SYLT, DIE MAN GESEHEN HABEN MUSS

ISBN 978-3-95451-511-0

Welche Hafenmole konnte früher einmal schwimmen? Was hat es mit der RALF-Regel auf sich? Wo genau liegt Deutschlands nördlichster Weinberg? Und wer kennt die ungewöhnliche Geschichte der ersten Weltumrundung mit einem Luftboot, das von List auf Sylt aus startete? Mit diesem Buch lassen sich 111 faszinierende Orte auf der »Insel der Reichen und Schönen« abseits der bekannten Touristenpfade entdecken.

Rüdiger Liedtke
111 Orte auf Mallorca, die man gesehen haben muss
ISBN 978-3-89705-975-7

Susanne Thiel
111 Orte in Madrid, die man gesehen haben muss
ISBN 978-3-95451-118-1

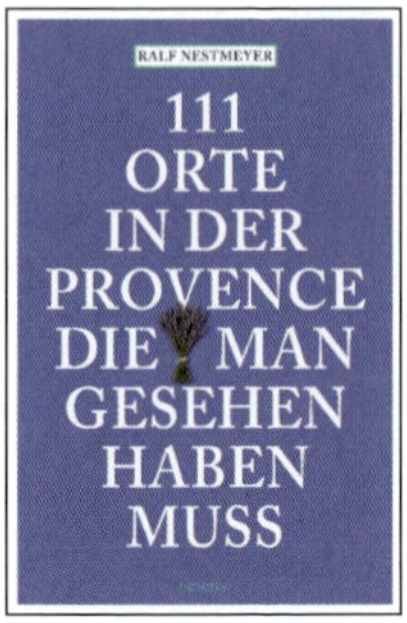

Ralf Nestmeyer
111 Orte in der Provence, die man gesehen haben muss
ISBN 978-3-95451-094-8

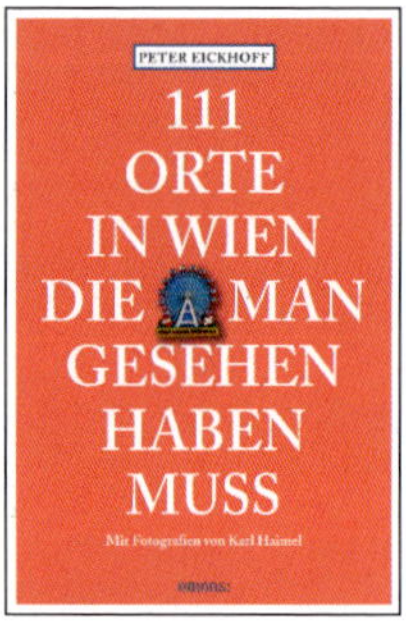

Peter Eickhoff
111 Orte in Wien, die man gesehen haben muss
ISBN 978-3-89705-969-6

Stefan Spath
111 Orte in Salzburg, die man gesehen haben muss
ISBN 978-3-95451-114-3

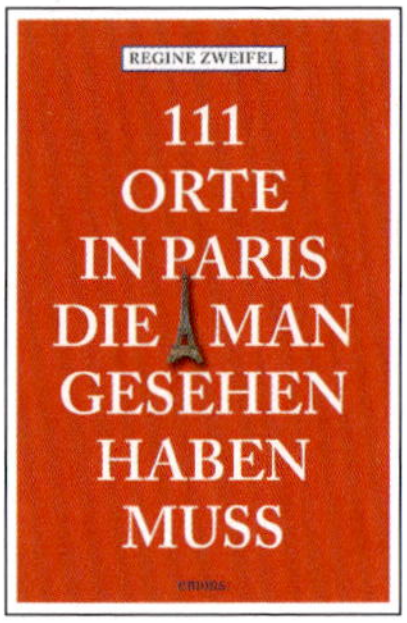

Regine Zweifel
111 Orte in Paris, die man gesehen haben muss
ISBN 978-3-89705-823-1

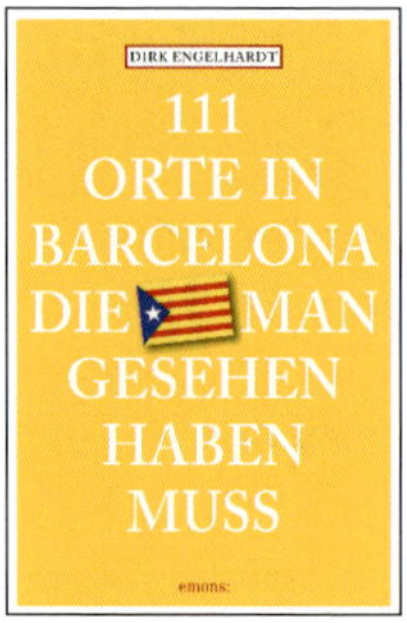

Dirk Engelhardt
111 in Barcelona, die man gesehen haben muss
ISBN 978-3-95451-066-5

John Sykes
111 Orte in London, die man gesehen haben muss
ISBN 978-3-95451-117-4

Annett Klingner
111 Orte in Rom, die man gesehen haben muss
ISBN 978-3-95451-219-5

Lucia Jay von Seldeneck,
Carolin Huder, Verena Eidel
111 Orte in Berlin, die man gesehen haben muss
ISBN 978-3-89705-853-8

Bernd Imgrund
111 Kölner Orte, die man gesehen haben muss
Band 1
ISBN 978-3-89705-618-3

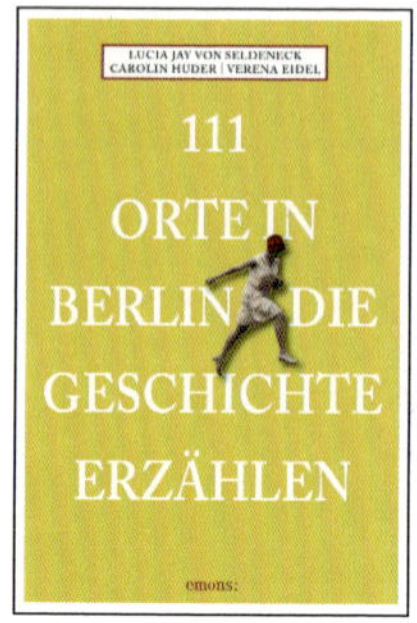

Lucia Jay von Seldeneck,
Carolin Huder, Verena Eidel
111 Orte in Berlin, die Geschichte erzählen
ISBN 978-3-95451-039-9

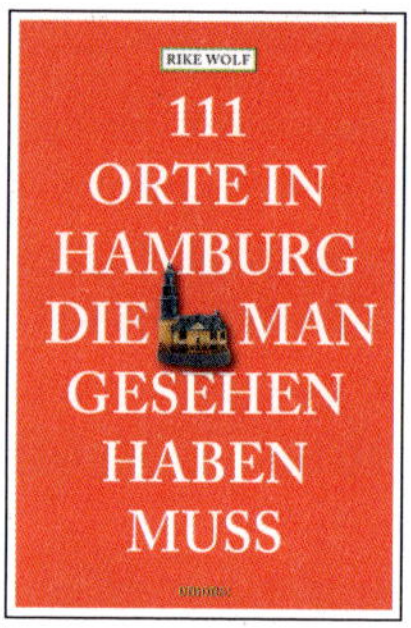

Rike Wolf
111 Orte in Hamburg, die man gesehen haben muss
ISBN 978-3-89705-916-0

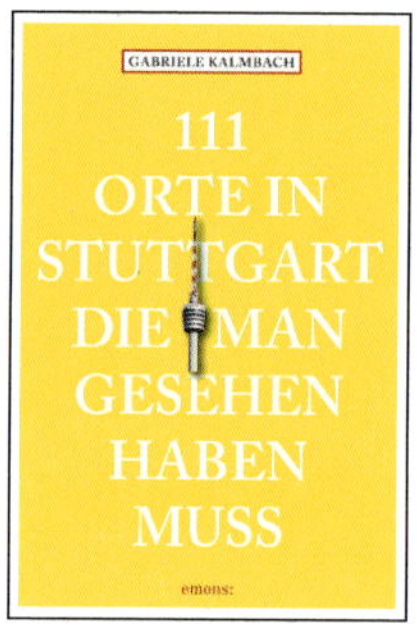

Gabriele Kalmbach
111 Orte in Stuttgart, die man gesehen haben muss
ISBN 978-3-95451-004-7

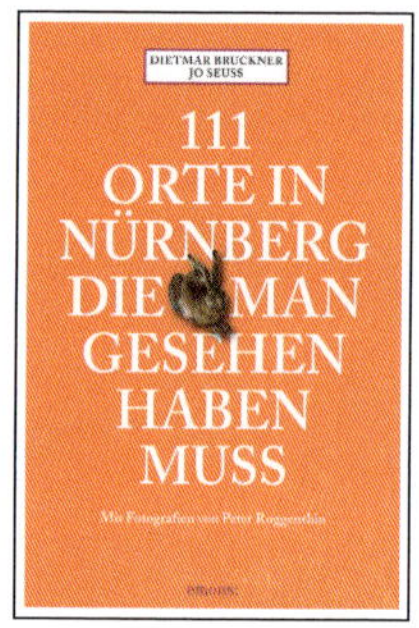

Dietmar Bruckner, Jo Seuß
111 Orte in Nürnberg, die man gesehen haben muss
ISBN 978-3-95451-042-9

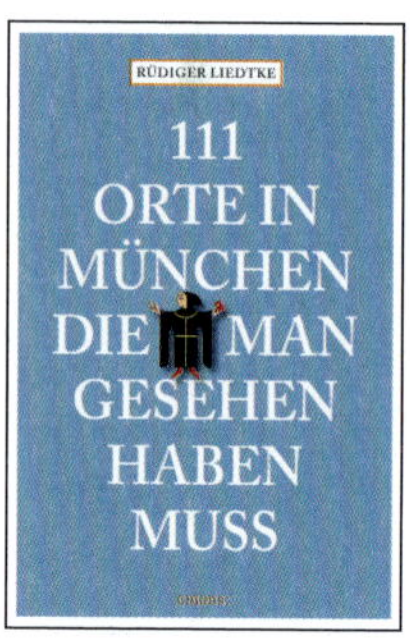

Rüdiger Liedtke
111 Orte in München, die man gesehen haben muss
ISBN 978-3-89705-892-7

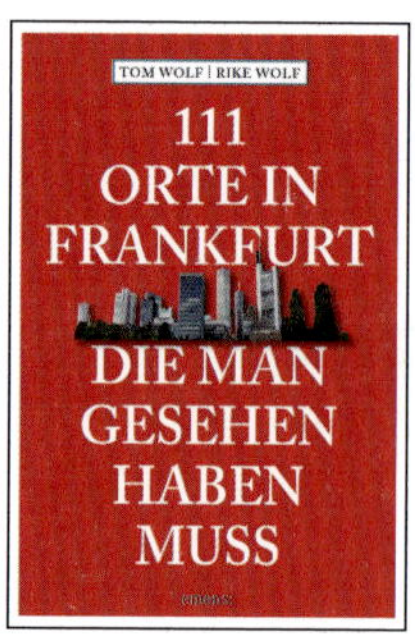

Rike Wolf, Tom Wolf
111 Orte in Frankfurt, die man gesehen haben muss
ISBN 978-3-95451-342-0

Peter Eickhoff
111 Düsseldorfer Orte, die man gesehen haben muss
ISBN 978-3-89705-699-2

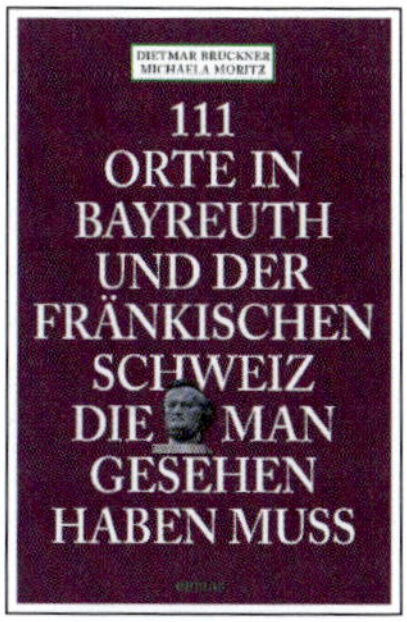

Dietmar Bruckner,
Michaela Moritz
111 Orte in Bayreuth und der Fränkischen Schweiz, die man gesehen haben muss
ISBN 978-3-95451-130-3

Richard Auer,
Gerhard von Kapff
111 Orte im Altmühltal und in Ingolstadt, die man gesehen haben muss
ISBN 978-3-95451-616-2

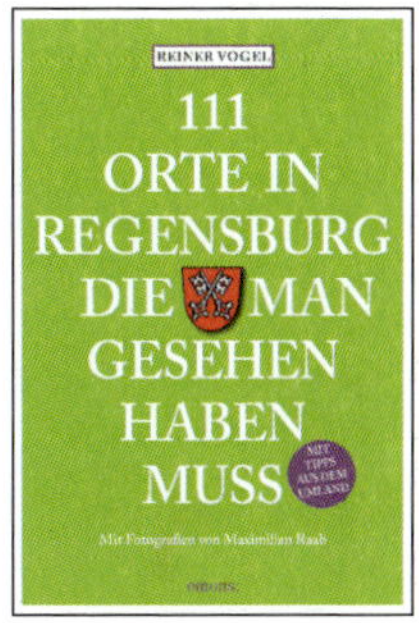

Reiner Vogel
111 Orte in Regensburg, die man gesehen haben muss
ISBN 978-3-95451-054-2

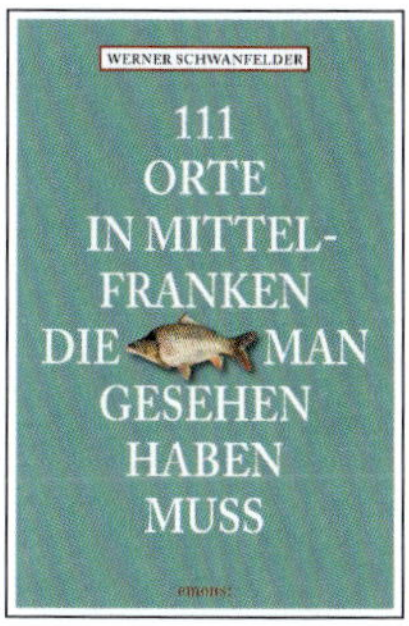

Werner Schwanfelder
111 Orte in Mittelfranken, die man gesehen haben muss
ISBN 978-3-95451-336-9

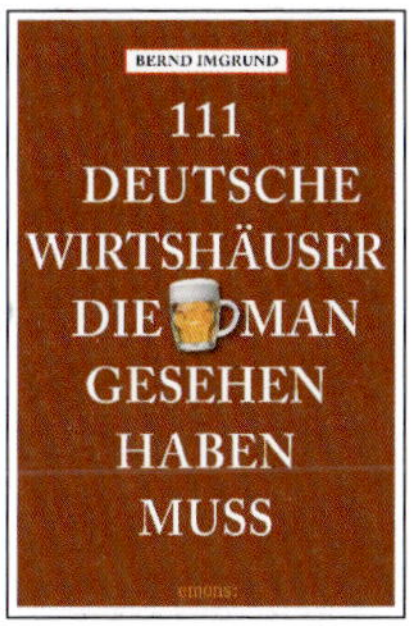

Bernd Imgrund
111 deutsche Wirtshäuser, die man gesehen haben muss
ISBN 978-3-95451-080-1

Cornelia Kuhnert
111 Orte in Hannover, die man gesehen haben muss
ISBN 978-3-95451-086-3

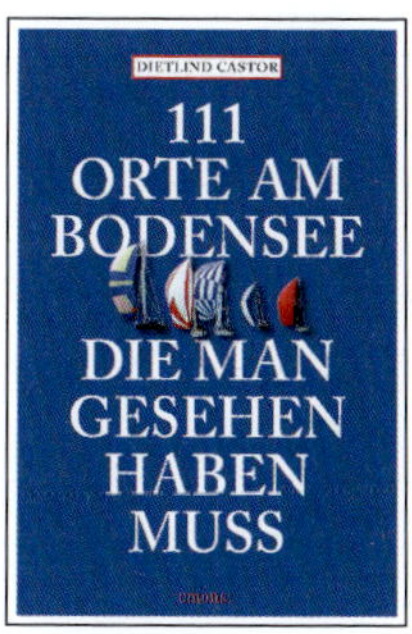

Dietlind Castor
111 Orte am Bodensee, die man gesehen haben muss
ISBN 978-3-95451-063-4

Daniela Bianca Gierok,
Ralf H. Dorweiler
111 Orte im Schwarzwald, die man gesehen haben muss
ISBN 978-3-89705-950-4

Bernd Imgrund
111 Orte in der Eifel, die man gesehen haben muss
ISBN 978-3-95451-003-0

Fotonachweis

Wir danken allen Urhebern für die Abdruckgenehmigungen der Fotos.
Diese Bilder wurden von den Orten zur Verfügung gestellt:
Kapitel 1, 4, 5, 8, 9, 10, 13, 14, 17, 27, 30, 32, 34, 43, 44, 47, 49, 50, 55, 59, 60, 63, 66, 67, 69, 71, 73, 77, 81, 88, 94 oben, 95, 97, 100, 101, 108.
Folgende Bilder tragen ein individuelles Copyright:
Kapitel 16: Viola Heins, 23: Familie Wiech, 39: Karen Noelle, 40: Per Köster, 42: Hohenschmark, 46: Oliver Franke, 72: Erhard Wehrend, 80 unten: Istockphoto.com©KaidoKarner, 84: Sven Grunewald.
Alle übrigen stammen von Vito von Eichborn.

Der Autor

Vito von Eichborn, 1943 in Magdeburg geboren, war Journalist und gründete, nach sieben Jahren als Lektor bei S. Fischer, den legendären Eichborn Verlag in Frankfurt. Anschließend war er zehn Jahre Geschäftsführer bei Rotbuch/Europäische Verlagsanstalt und im Europa Verlag in Hamburg. Er arbeitet seither als freier Publizist, Lektor, Literaturagent und Verleger und lebt am See in Timmdorf/Malente.